GIOVANNI
FLORIS

MAL di MERITO

L'epidemia di RACCOMANDAZIONI che paralizza l'Italia

Rizzoli

ISBN 978-88-17-01957-6

Prima edizione: novembre 2007

Le illustrazioni alle pagine 15, 35, 127, 187 sono di Lorenzo Terranera

Fotocomposizione: Studio Editoriale Littera, Rescaldina (MI)

MAL di MERITO

A Beatrice, a Valerio e a chi sappiamo noi.

Chi è senza peccato scagli la prima pietra.
Gesù di Nazareth

Bisogna sempre giocare onestamente
quando si hanno le carte vincenti.
Oscar Wilde

Introduzione

La prima volta

Settembre 1986: 300 posti disponibili per Economia e Commercio, 200 per Giurisprudenza, 120 per Scienze Politiche. Quasi 3000 aspiranti all'ingresso, stipati in una sala sterminata, al centro Congressi dell'hotel Ergife, all'imbocco dell'Aurelia: l'esame per entrare alla Luiss, l'Università della Confindustria, quella i cui laureati le aziende si litigavano a suon di offerte di lavoro. Criterio di selezione: il punteggio nei test di Eysenck. Test di intelligenza, quelli del tipo: «Microscopio, lente d'ingrandimento, microfono, telescopio, telegrafo: quale di queste parole non c'entra con le altre?».

Chi non passava l'esame, insomma, non solo non entrava all'università. Era pure cretino.

La Luiss era, per noi, il mondo al contrario: tanto negli anni del liceo avevano fatto da faro il gruppo, la goliardia, la trasgressione e le speculazioni filosofiche, tanto l'entrare in Luiss voleva dire (sempre e solo per noi) «mettere la testa a posto», pensare al particolare, alla tasca e non al cuore, smettere gli abiti dei rivoluzionari in erba e indossare quelli degli *yuppies* modello newyorkese. Entrando in un'università privata ci sentivamo obbligati ad abbandonare ogni speranza di vita diversa, sentivamo il peso di una scelta che in realtà non stavamo facendo: quella di «metterci in riga» e, a capo chino, predisporci a farsi lavare il cervello pur di fare soldi e carriera. Credevamo di avere saltato il fosso, e un po' ci sentivamo di aver tradito i nostri amici che, più coerentemente, avevano scelto le strutture pubbliche. Il che equivaleva invece (sempre nel mondo delle nostre teste) a impegno sociale, abnegazione retributiva, scelta «alta» del collettivo contro la pragmatica del particolare. Naturalmente dopo qualche mese avremmo scoperto che così non era, ma in quel giorno del settembre 1986 sentivamo di doverci giocare l'ammissione in un altro mondo.

Eravamo in quattro, e ci eravamo messi vicini, in modo da aiutarci e suggerirci il più possibile.

Sia chiaro, avevamo studiato. Eravamo convinti di aver preparato bene l'esame: ci eravamo maniacalmente esercitati coi quiz, avevamo le spalle coperte da un bel voto di maturità, insomma non ci mancavano le carte da giocare. In realtà non avremmo avuto bisogno di aiuto, ma non era quello il punto. *Volevamo* copiare. Volevamo copiare e far copiare, in modo, se non altro, da fregare il sistema cui ci stavamo consegnando. Saremmo entrati, ma saremmo entrati a modo nostro, dettando noi le regole, vincendo sulla Luiss, portando con noi anche chi non se lo meritava, portando con noi anche qualcuno del nostro gruppo, del nostro giro, del nostro clan.

Poi ci fu quella frase che non avrei più dimenticato, la frase che ebbe su di me l'effetto di una frustata, di una vera e propria rivoluzione copernicana. Il presidente della Commissione, al microfono, lesse il regolamento ai candidati; ci spiegò come funzionava l'esame, cosa fare con i fogli timbrati e come imbustarli, cosa scrivere sul retro e come chiudere la busta. Parlò con calma e poi, concluso il suo discorso, con un sorriso stampato sul labbro superiore sibilò: «Se volete far copiare, fate pure. Considerate solo che chi copia, alla fine, potrebbe entrare al posto vostro». Si sedette al suo posto, aprì il giornale e cominciò serenamente a leggerlo, senza più alzare lo sguardo per tutta la durata della prova.

L'universo era stato rivoltato: il sistema ero io e, se avessi fregato il sistema, avrei fregato me stesso.

Prima parte
Il virus

1

Presidenti, onorevoli e poveri cristi

Del genio, e del diritto a sognare

«Cos'è il genio?» si domandava la voce narrante di Philippe Noiret raccontando le gesta degli *Amici miei*. Il genio è quello che inventa l'imprevisto, chi crea qualcosa che non c'è e risolve una situazione in maniera inaspettata.

Il padre di un mio amico fu geniale. Voleva aiutare il figlio a entrare in uno studio legale, ma non aveva conoscenze nel settore. Era ancora in attesa di una risposta da un piccolo studio (il cui titolare sembrava voler assaporare fino all'ultimo il potere di dire sì o no) quando fu invitato a una mostra cui era presente anche un importante e stimato principe del foro. Gli invitati erano centinaia, e lui non ebbe modo neanche di avvicinarlo, perché *il Professore* era continuamente assediato da gente che si presentava, gli stringeva la mano, parlava affabilmente di cose che il padre del mio amico non riusciva neanche a sentire. Cosa fece allora? Trasformò una mancata occasione in un'opportunità dorata. Il mattino dopo prese carta e penna e scrisse al grande avvocato una bella lettera, molto toccante, che iniziava così: «Gentile Professore, come le spiegavo ieri sera, mio figlio vuole intraprendere la Sua professione, e vorrebbe tanto avere un'opportunità...». Probabilmente il principe del foro pensò di essersi sbilanciato la sera prima promettendo qualcosa a un conoscente di cui al momento non si ricordava, e, senza nemmeno rispondere alla lettera, segnalò il ragazzo a un importante collega di Roma, che lo chiamò per un colloquio e in quattro e quattr'otto lo inserì nel suo studio. Adesso il mio amico, dato che le capacità non gli mancano, è associato di quello studio, e si prospetta anche per lui una carriera da principe del foro (insegna anche all'università).

Il genio è anche questo, l'idea di un padre che non accetta di vedere il figlio tagliato fuori dal lavoro che sogna. Ma è giusto che le cose vadano così? Può il merito affidarsi all'inventiva del singolo? Per uno che può contare su un padre così determinato, quanti bravi professionisti non riescono a saltare il fosso che protegge il castello dell'avvocatura, o del notariato, o del giornalismo, o dell'insegnamento universitario? Quanti principi del foro ci siamo persi? Quanti ottimi professionisti?

Personalmente non vedo cosa ci sia da condannare nel comportamento del mio amico, anzi, mi sono sempre congratulato con suo padre: che una persona abbia trovato il modo di realizzare il suo sogno è per me un fatto positivo. Si è costretti a cercare scorciatoie, d'altronde, quando la strada principale è bloccata: se la professione di avvocato fosse accessibile anche a chi non frequenta gli avvocati, non bisognerebbe fare finta di conoscerne uno per avere l'opportunità di giocarsi le proprie carte.

Un giornalista inglese, da tempo corrispondente dell'Italia, spiegava così il nostro Paese ai colleghi stranieri appena arrivati a Roma: è un posto dove si sorpassa a destra, se si vuole girare a sinistra. Poi però riconosceva che da noi il traffico è degno di una città sudamericana, e che se si vuole arrivare in tempo agli appuntamenti qualcosa bisogna pure inventarsi.

Probabilmente il ruolo della politica sarebbe proprio garantire al Paese che non sia necessario «inventarsi qualcosa» per ottenere ciò che ti spetta. Ma la politica, in Italia, preferisce assicurarsi il consenso piuttosto che riformare il sistema.

Sui vizi pubblici e su quelli privati

Aprile 2007. La Telecom Italia di Marco Tronchetti Provera è da mesi sulle prime pagine dei giornali: a settembre 2006 sono stati arrestati come presunti organizzatori di una «centrale criminale di spionaggio privato» con migliaia di vittime, Giuliano Tavaroli ex manager della sicurezza di Pirelli-Telecom e l'investigatore privato Emanuele Cipriani, titolare della società investigativa Polis d'Istinto. Oltre a loro, sono state spiccate altre 20 ordinanze di custodia cautelare, che hanno raggiunto (tra gli altri) un ex impiegato dell'agenzia dell'entrate e un ex ufficiale della Guardia di Finanza. Tavaroli e Cipriani, secondo le ipotesi dell'accusa, avrebbero fin dal 1997 promosso migliaia di indagini illecite: la struttura investigativa avrebbe utilizzato illegalmente i tabulati Telecom per «schedare» dipendenti, dirigenti e candidati all'assunzione in Telecom, ma anche personalità politiche, del giornalismo, dell'economia, dello sport e dello spettacolo.

Per Telecom non è un bel periodo: a queste notizie «di nera» si aggiungono le analisi di alcuni titolati osservatori che danno l'azienda in difficoltà economiche: troppi i debiti, pochi gli investimenti, l'unica impresa italiana di telecomunicazioni sembra (nonostante Tronchetti Provera smentisca con decisione) in netta difficoltà. La proprietà dichiara di voler vendere, il premier Prodi lamenta di non essere stato informato durante un incontro che, poco tempo prima, aveva avuto con Tronchetti; quasi a smentire questa affermazione i giornali pubblicano il piano di un consulente dello stesso Prodi, Angelo Rovati, un documento inviato ai vertici della Telecom via fax che suggerisce lo scorporo della cosiddetta «rete fissa» e il passaggio del suo controllo sotto l'ombrello dello Stato. Il consulente di Palazzo Chigi, spiegherà che si trattava di un'iniziativa personale, e arriverà in seguito a rassegnare le dimissioni.

Ma cosa è la rete fissa? Telecom non è un'azienda normale: sono suoi i cavi attraverso cui passano tutte le telecomunicazioni del Paese. Chilometri e chilometri di fili di rame, cablature che collegano tutti i telefoni e i pc d'Italia, arrivando dentro ogni singola casa di ogni singolo italiano. Ha in mano le nostre parole, le nostre immagini, i nostri pensieri.

Ma torniamo all'aprile del 2007, e per la precisione al 1 aprile del 2007, quando arriva per la Telecom di Tronchetti Provera l'offerta di At&T e Américan Móvil: dagli Usa e dal Messico le due multinazionali puntano, in totale, al 66 per cento di Olimpia, la holding che controlla l'unica società italiana di telecomunicazioni.

Il governo, per bocca del ministro delle Comunicazioni, esprime «grande preoccupazione», dal momento che la nazione «non può rinunciare a un'azienda così strategica». Si può permettere a degli stranieri di tenere nelle proprie mani il sistema nervoso del Paese, la spina dorsale delle nostre telecomunicazioni? Scoppia la polemica politica: tutti preferirebbero che Telecom rimanesse italiana, ma qualcuno pensa che il dovere del governo sia quello di intervenire, mentre altri ritengono sia proprio quello di *non* intervenire sugli affari del mercato.

Il 28 aprile 2007 l'ottantatreenne presidente delle Assicurazioni Generali, Antoine Bernheim, dopo aver risposto in francese alle domande degli azionisti all'assemblea di bilancio, presenta così l'offerta che (insieme alla spagnola Telefonica, a Intesa Sanpaolo, Mediobanca e Benetton) punta a strappare la Telecom dalle mani degli acquirenti messicani.

«Quando mi ha telefonato il ministro Tommaso Padoa-Schioppa, gli ho detto che il nostro oggetto è fare assicurazioni e non telefonia, ma che se ci fosse stata un'azione collettiva con un intervento generale a favore dell'italianità, noi ci saremmo stati in qualche modo. E speravo che, se malauguratamente ce ne fosse stato bisogno, il governo sarebbe stato pronto a intervenire per difendere l'italianità delle Generali.» Il banchiere francese, annunciando con l'aiuto di un interprete un accordo con gli spagnoli teso a salvaguardare l'italianità dell'azienda (sic!), precisa due cose: la prima è che ad acquistare Telecom le Assicurazioni Generali non ci pensavano neanche, la seconda è che, se lo hanno fatto, è stato solo per fare il bene degli italiani (o per meglio dire, direbbero i più maliziosi, per venire incontro ai *desiderata* del governo).

Nella conferenza stampa successiva, Bernheim sembra fare una precisazione a favore dell'Esecutivo, ma in realtà rincara la dose: «Nessuna pressione. Il dottor Padoa-Schioppa mi ha telefonato come ha fatto con tutte le società interessate alla vicenda Telecom per sapere qual era la nostra posizione. Non ci sono state pressioni per un nostro intervento. Quando ho sentito che c'era interesse che Telecom rimanesse in mani italiane, ho detto di sperare che il governo avesse lo stesso interesse che Generali restasse in mano italiana».

Traduzione: compriamo Telecom, ma ricordate che nei vostri confronti accendiamo un credito. Tant'è che due giorni dopo Mario Monti scriveva sul «Corriere»:[1] «C'è una sola smagliatura, nella logica di Antoine Bernheim. Egli non dovrebbe ritenere che, intervenendo su Telecom Italia, le Generali escano dal proprio oggetto, che consiste nel fare assicurazioni e non telefonia. No, con la buona volontà dimostrata ora al governo, e con le parole con le quali ha accompagnato il gesto, Bernheim ha fatto un'operazione assicurativa. Ha stipulato una polizza contro il rischio di perdita del controllo delle Generali da parte di coloro che oggi le controllano». *Do ut des*: uno scambio conveniente per entrambi, io ti do questo, tu mi dai quello. Capitali in cambio di *amicizia.*

Torniamo un po' indietro nel tempo. Il 5 maggio 2003, il presidente del Consiglio Silvio Berlusconi si presenta al Tribunale di Milano per offrire una dichiarazione spontanea nel corso del processo Sme: il premier, imputato per corruzione in atti giudiziari, dichiara di voler dimostrare quanto le accuse che gli sono mosse «siano paradossali».

Il processo Sme riguarda la mancata vendita alla Cir di Carlo De Benedetti di quello che negli anni Ottanta era il comparto agroalimentare dell'Iri (la Sme, appunto).

La vicenda ha origine nel 1985, quando Romano Prodi, allora presidente dell'Iri, e la Cir di Carlo De Benedetti raggiungono un'intesa in base alla quale l'Iri si impegna a cedere la sua partecipazione in Sme (63 per cento) alla Cir, per circa 497 miliardi. L'allora presidente del Consiglio Bettino Craxi si oppone con fermezza a questo accordo. L'accordo viene ritenuto non vincolante dopo un confronto con altre tre offerte intervenute, delle quali una della Iar (Barilla, Ferrero, Fininvest). De Benedetti si rivolge al Tribunale di Roma che emette un verdetto sfavorevole. Il sospetto dei Pm milanesi, cui Berlusconi deve rispondere, è che il provvedimento fosse stato «aggiustato», con l'aiuto di tangenti versate al giudice estensore della sentenza, Fillipo Verde, e all'ex capo dei gip di Roma Renato Squillante.

Nell'aprile 2007 il leader di Forza Italia verrà assolto dalle accuse dalla seconda corte di appello di Milano, ma a noi non interessa la vicenda giudiziaria, interessa la vicenda politica. Interessano i fatti del maggio 2003.

Berlusconi, dicevamo, si presenta nell'aula del Processo Sme, e racconta la sua versione dell'accaduto. Fu lo stesso Craxi, dice, a pregarlo di intervenire. «Non c'era nessun mio interesse diretto e Craxi mi pregò di intervenire perché considerava quell'operazione un danno per lo Stato.» Silvio Berlusconi conclude la sua dichiarazione ribadendo di non aver avuto alcun vantaggio dal suo interessamento alla vicenda, e di aver raccolto le lamentele dell'allora presidente del Consiglio Bettino Craxi per evitare una «svendita» alla Cir di Carlo De Benedetti. Berlusconi, secondo quanto dice lui stesso, non si è mosso per garantire un profitto economico alla sua impresa, ma solo per soddisfare le richieste di Craxi.

Perché lo avrebbe fatto? Non sta a noi rispondere, avrà avuto i suoi buoni motivi. Avrà fatto i suoi calcoli. Avrà pensato che fosse conveniente agire così, o forse che *non* fosse conveniente dire no al presidente del Consiglio. A noi, a dire la verità, in questa sede non interessa neanche se le dichiarazioni del leader di Forza Italia corrispondessero alla realtà, ma ci preme sottolineare come due aziende private, Assicurazioni Generali e Fininvest, abbiano trovato conveniente (in due situazioni così diverse, in due momenti storici così distanti e differenti) scattare sugli attenti quando la politica le ha chiamate. Si sono lanciate in un'impresa in cui mai avrebbero pensato di lanciarsi, e lo hanno fatto perché, conti alla mano, hanno ritenuto fosse conveniente rispondere positivamente alle richieste del mondo politico. In questo modo, è lecito desumere, si sono assicurate un credito per il futuro, un futuro in cui, se messi alle corde (magari da legittimi concorrenti) potranno chiedere alla politica di saldare il conto. Cosa che magari hanno già fatto.

Morale: la politica, ma più in generale il potere, può influenzare tanto le decisioni della pubblica amministrazione quanto le decisioni delle imprese private. Se vogliamo affrontare il problema del merito in Italia, dimentichiamoci la favola secondo cui privato è terreno della concorrenza e dei talenti, o quella che inneggia al mercato come spazio della meritocrazia. Il privato non è garanzia di meritocrazia. Se è vero che la pubblica amministrazione viene usata per creare consenso, è pur vero che l'impresa privata non persegue sempre il semplice profitto, ma più in generale la propria *convenienza*. E convenienza può voler dire, di volta in volta, assecondare il volere di questo o di quel potente: magari garantendo un investimento, come abbiamo appena visto in due casi di altissimo livello, oppure, a livello più basso, concedendo un'assunzione, contrattualizzando un manager, costruendo una carriera, o persino promettendo un licenziamento.

Se alle grandi aziende può capitare di muoversi su input di premier e ministri, per una piccola azienda può bastare la telefonata di un assessore. Il sistema che analizzeremo (quello che mortifica la meritocrazia e che svilisce i talenti, frenando lo sviluppo di un intero Paese) si basa sul favore e sul ringraziamento. E un favore può essere fatto da chiunque a chiunque, un ringraziamento può essere dovuto da chiunque a chiunque, quale che sia la ragione sociale o l'identità dei soggetti coinvolti.

Per esaltare talenti e meriti, insomma, non serve trasformare il pubblico in privato. Di quanto il pubblico sia terreno delle scorribande della politica, delle caste baronali, delle lobby più o meno manifeste sappiamo molto, mentre troppe volte si dimentica che «privato» non è di per sé garanzia di moralità, e che un privato non agisce sempre e comunque sulla base di logiche di efficienza: a un'impresa l'inefficienza (come anche la dispersione del talento) può sempre convenire.

In questo libro sottolineeremo come nessun regime giuridico, nessun sistema economico, nessuna procedura legislativa possano garantire di per sé l'impermeabilità all'illecito. Le uniche che possono opporsi allo strapotere dei poteri sono le persone, sia che lavorino nel pubblico, sia che lavorino nel privato. E l'unico modo per portare le persone a dire no alle richieste sconvenienti del potere è convincerle che farlo *conviene*.

Le Poste, ad esempio

Sono passati pochi mesi da quando un manager Rai guardò sconsolato il ministro che gli aveva domandato come mai nessuno avesse mai pensato a creare l'ufficio dei «Facilitatori» (un dirigente per ogni partito, addetto alla disbriga veloce delle più pressanti pratiche lottizzatorie). E credo fosse il 1990 quando entrai nell'archivio raccomandazioni del sottosegretario alla Difesa. Era un'enorme stanza traboccante di faldoni, un ambiente stracolmo di fogli archiviati, stipati in cartelle di cartone, un archivio immenso di suppliche e richieste, tutte ordinate e gestite con una logica, per l'appunto, militare. Alcuni soldati di leva erano comandati a spostare casse intere di fogli compilati e numerati: in evidenza il baule più capiente, quello con su scritto «collegio elettorale».

Qualche tempo fa «L'Espresso»[2] uscì con uno *scoop* da copertina: veniva svelato il database delle Poste in cui erano archiviate non solo tutte le richieste di raccomandazione, ma anche gli esiti che avevano avuto. I casi analizzati dall'«Espresso» erano 3203. Di questi, 841 venivano indicati dal database con esito positivo, 86 erano in attesa di risposta, 613 con esito negativo. Dei restanti 1663 non veniva indicato alcun esito.

I raccomandanti erano gente importante: dal vicepremier al ministro dell'Economia, dal ministro delle Comunicazioni ad autorevoli esponenti dell'allora opposizione, che in precedenza era stata al governo e manteneva quindi «buoni contatti» nell'azienda. Il database registrava anche i nomi di dirigenti interni, di sindacalisti, del direttore del servizio di polizia postale, del magistrato della Corte dei Conti già delegato al controllo su Poste Italiane e persino di due cardinali. A uno dei due, teologo della casa pontificia, fu comunicata l'avvenuta assunzione di un certo signor L. F.

Migliaia di pagine, migliaia di nomi, migliaia di storie di persone che, per un motivo o per l'altro, si erano rivolte a qualcuno per ottenere uno scatto di carriera, un'assunzione: forse chiedevano qualcosa che era loro dovuto, forse qualcosa che non meritavano. Al vicepresidente del Consiglio dei ministri veniva assicurato che «all'interessato è stata di recente assegnata la responsabilità di un ruolo di maggiore ampiezza manageriale, in coerenza col profilo professionale e esperienziale posseduto», ovviamente «in sintonia con quanto auspicato». Chi può dire, oggi, se il dirigente che si rivolse al potente di turno avesse o non avesse diritto alla riqualificazione? Chi può sapere se l'intervento del vicepremier sia andato a sanare un'ingiustizia o se ne abbia piuttosto causata una nuova? E che differenza c'è tra le due cose?

Questo è il primo effetto della raccomandazione: livella ogni esperienza, mette sullo stesso piano il merito e il demerito, il diritto e la prevaricazione. Una schiacciasassi della moralità, una linea di montaggio che produce frustrazione e incompetenza, e che riduce il sistema Paese a un magma indistinto di professionalità grigie e senza speranza.

«Una situazione imbarazzante, ora che è diventata pubblica,»[3] ammise il numero uno delle Poste Massimo Sarmi «ma al tempo stesso utile per riflettere sul Paese e le sue antiche abitudini. Io» continuava «ricevo ogni giorno richieste di ogni genere, mi vengono segnalate persone che vogliono essere assunte, altre che vorrebbero far carriera, altre ancora desiderose di cambiare sede. Queste domande vengono girate alla direzione del personale, che poi le inserisce in un database e le valuta, informandomi sull'esito finale». Al giornalista che gli ricordava come il fenomeno fosse macroscopico (3000 casi in tre anni e mezzo) l'amministratore delegato di Poste rispondeva: «Vero, ma è anche vero che le raccomandazioni non sono più gestite come una volta. Adesso le gestiamo con criteri rigidi. Valutiamo i profili professionali, i possibili impieghi. Tutto in modo oggettivo e trasparente».

Un fenomeno inevitabile, quindi? Da «affrontare» come un uragano, un'alluvione, un qualsiasi evento catastrofico sì, ma naturale e quindi inevitabile?

A Cesare quel che è di...?

Il 1 marzo 2005, un mese prima delle elezioni regionali del Lazio, la Direzione centrale Risorse umane delle Poste informava l'amministratore delegato sull'attivazione di nuovi contratti di lavoro a tempo determinato nella provincia di Roma. «È stata autorizzata» scrivevano gli uffici competenti «l'attivazione di una fornitura di 100 lavoratori per il periodo 1 marzo-30 giugno 2005.» Che succede però? Succede che la politica si accorge delle assunzioni, e nelle carte rinvenute dall'«Espresso»[4] si legge: «Il capo di gabinetto del ministro delle Comunicazioni [...] ha inoltrato per conto del ministro un elenco di 74 nominativi, con richiesta di inserirne 35. Contestualmente, l'avvocato ha preannunciato e inviato un secondo elenco di 50 nominativi, con richiesta di inserirne 40, per un totale di 75 persone [...]. Si è proceduto tempestivamente» conclude la nota «a richiedere alle agenzie per il lavoro di sospendere l'inserimento dei lavoratori non ancora contrattualizzati. A fronte di tale intervento si ritiene possibile congelare 60-65 aliquote». Via libera insomma ai raccomandati, stop a quelli che si sarebbero dovuti conquistare il posto passando le selezioni.

Qualcuno può essere stupito dal fatto che in una Spa si metta nero su bianco che la politica chiede «il suo»? Ci si può indignare, ma non ci si può stupire, o meglio, non ci si stupisce se si ha presente il contesto generale in cui questo è successo. Le raccomandazioni sono il meno: mentre l'impiegato delle Poste buttava giù l'appunto per i suoi capi, proprio per vincere quelle elezioni regionali la politica stava dando il peggio di sé. Alcune persone ne spiavano altre, alcuni pensavano bene di fotografare il candidato del centrosinistra mentre tornando a casa passava incolpevole davanti a delle prostitute transessuali, in modo da poter poi sostenere (stampando un fermo immagine) che in realtà stesse trattando sul prezzo. Sempre per vincere quelle elezioni si organizzarono false falsificazioni di firme (davvero!) in modo da far annullare le liste elettorali presentate dai concorrenti, e la sinistra aiutò l'estrema destra a raccogliere le firme necessarie a presentare una candidatura che avrebbe infastidito il candidato della destra. Insomma, quando un sistema si deteriora, si deteriora nel suo complesso: quando un Paese decade, decade nel suo complesso, e poi, magari, collassa tutto insieme.

Lo schema base

Di sicuro, se il sistema delle raccomandazioni funziona, è perché il Paese ama farlo funzionare: noi le raccomandazioni ce le meritiamo. Secondo una recente ricerca dell'Isfol,[5] un italiano su due dichiara di aver trovato un lavoro grazie alle amicizie, mentre sette ragazzi su dieci pensano che «un aiutino» serva a laurearsi in fretta. Il World Values Survey[6] ci fa sapere che il riconoscimento dei meriti è considerato come fattore «molto importante per il funzionamento della società» da una metà scarsa di nostri concittadini, mentre in un recente sondaggio commissionato da «Libertàeguale» più di un terzo degli intervistati (il 44 per cento dei giovani) ha dichiarato che «lavorare meglio degli altri» non giustifica aumenti di stipendio: se un'impresa vuole premiare i propri lavoratori, dovrebbe dare aumenti uguali a tutti.[7] Secondo il Censis[8] solo il 2 per cento degli italiani reputa «influente» per l'andamento della vita pubblica l'apporto dei grandi tecnici e degli esperti, ma non solo: secondo il 61 per cento dei nostri concittadini le risorse economiche e le relazioni personali contano più del merito, se vuoi farti largo nella vita. Una bella pietra tombale che il Paese mette sul valore della competenza e della preparazione. Quando nel 2006 in un sondaggio[9] è stato domandato agli italiani: «Alcuni preferiscono nella vita un lavoro sicuro, anche se magari meno redditizio, altri preferiscono un lavoro meno sicuro ma con più prospettive di reddito. Lei con chi si sente d'accordo?», la risposta del 71 per cento del campione è stata «con i primi»; nel 2001 aveva dato questa risposta il 59 per cento degli intervistati. Ad ammettere di non voler rischiare neanche un po', di non credere pienamente nei propri mezzi e nel proprio futuro era il 62 per cento della popolazione tra i 18 e i 34 anni, in particolare il 68 per cento della popolazione tra i 18 e i 34 anni che si autocolloca nel centrosinistra. Giovani che ragionano come vecchi che non hanno voglia di gustare il futuro, un Paese «in buona misura senza età e senza futuro»,[10] passivo e arrendevole, che rischia di perdere il senso dell'audacia e dell'ambizione, elementi che non solo garantiscono la crescita di un Paese, ma anche la gioia di vivere dei suoi cittadini.

Sul favore e sul ringraziamento si poggia un sistema che sembra essere proficuo per tutti: nell'immediato ci rimettono in pochi (quelli che meritano veramente, i migliori, minoranza per definizione) e solo nel medio-lungo periodo l'impoverimento generale del sistema farà pagare a tutti lo scotto di queste pratiche.

La raccomandazione viene fatta dal forte e subita dal debole, che assume (o promuove) il raccomandato. Quest'ultimo può essere un inetto, uno scansafatiche o anche uno molto bravo che però, semplicemente, non è sicuro di farcela. Può sentirsi inadeguato al compito, o non avere meriti particolari; forse, ancora, teme la competizione, oppure sta mettendo il suo futuro nelle mani di persone della cui onestà non si fida: il raccomandato può infatti temere che qualcuno, con mezzi illeciti, gli sottragga quanto ritiene gli spetti. Si può anche arrivare a teorizzare la fattispecie della «raccomandazione per legittima difesa»: un candidato studia, si prepara, ma alla fine cerca anche quell'*aiutino* che gli garantisca di partire alla pari con gli altri che lui suppone essere raccomandati. Un cane che si morde la coda, insomma, un meccanismo perverso che vive di paura e slealtà, un meccanismo di cui si possono individuare le vittime, ma non facilmente i carnefici. «Quale persona sana di mente» mi raccontava un candidato al posto di ricercatore «affronterebbe un concorso universitario senza farsi un padrino? Alla fine, se vuoi giocare, devi stare alle regole del gioco. Ti pieghi, e cerchi di entrare nel giro del Barone di turno, anche se hai più pubblicazioni di lui, anche se lo disprezzi.» Sfortunato il Paese che ha bisogno di eroi, e nel nostro sistema, per farcela da soli, bisogna essere supereroi.

Il perno del sistema

Il raccomandato si rivolge a un raccomandante, una persona di potere, che, assicurando un privilegio al raccomandato, accresce ancora di più il proprio prestigio e il proprio stesso potere: se riuscirà infatti a «piazzare» l'interessato, avrà dato una prova di forza, avrà inserito un suo uomo nell'ingranaggio e potrà contare su una persona in più che gli deve un favore.

Secondo l'archeologo Vasco La Salvia, il fenomeno della «segnalazione» non è solo italiano, ma è tutta italiana la lettura che qui se ne dà: «Anche in Inghilterra» spiega «un professore universitario può inviare a un collega un curriculum accompagnato da una sua lettera, ma in Gran Bretagna nessuno si spenderebbe mai per qualcuno che non lo meritasse, pena la perdita di credibilità nel proprio ambiente». Da noi, in pratica, far promuovere un cretino è una prova di forza, altrove sarebbe una prova di debolezza.

La raccomandazione nasce dovunque esiste un potere consolidato e, contestualmente, scarseggiano le capacità e le opportunità: il potere può essere politico, economico, culturale, scientifico: non è importante di che tipo sia, l'importante è che sia *concentrato*. Il raccomandante deve poter manovrare il destino di tutti i soggetti in gioco nel mondo in cui interviene; il controllo deve essere monopolizzato, o almeno gestito da un oligopolio che possa tenere in scacco il sistema e regolarne ingressi e uscite. Il nemico della raccomandazione è la *parcellizzazione*: tanti potenti, nessun potente. La moltiplicazione dei centri di potere ha sulla raccomandazione l'effetto che il sole ha sui vampiri: tanto in un monopolio ottiene il favore dei suoi maggiori chi si amalgama, chi diventa uguale, chi china il capo guadagnandosi il plauso del capo, tanto in una società aperta viene premiata la differenziazione e l'iniziativa individuale, il merito invece del favore.

Per quanto riguarda il mercato del lavoro, è ovvio che più opportunità ci sono, meno possono essere controllate: più ingressi ci sono sul mercato, meno portoni si possono chiudere. Altro nemico della «spintarella» è la preparazione del candidato: più cultura si ha, più fatica si è fatta a formarsi, più si è investito in se stessi, meno si è disposti alla rassegnazione. Più si può contare sulla propria professionalità, meno si ha necessità dell'aiuto degli altri.

Il prezzo della spintarella

Negli Stati Uniti, terra pragmatica, si reagisce alle raccomandazioni aiutando le persone che possono farlo a dire no. Molte aziende americane propongono ai capi del personale una particolare assicurazione: nel caso i vertici dell'azienda cerchino di imporre un'assunzione di cui gli addetti alle risorse umane non sono convinti, i manager possono rifiutarsi di autorizzarla, mandando tranquillamente a quel paese persino l'amministratore delegato. Nel caso poi non si trovassero più a loro agio nell'azienda, possono lasciare il posto, incassando una congrua buonuscita suppletiva come premio per non avere chinato la testa.

Si premia chi dice no al potere. Incredibile, vero?

Chiunque abbia un potere subirà sempre e comunque pressioni, il punto è: sarà in grado di resistere? L'uso della raccomandazione è profondamente radicato nel costume italiano: ci fu un giurato di Miss Italia che denunciò le pressioni addirittura di un presidente di Regione per far vincere il concorso a una ragazza. Si tratta di un fenomeno sociale con infinite implicazioni, e non può essere affrontato solamente additando l'ultimo potente della serie che ha approfittato della situazione per garantirsi il consenso. In questo libro ci sono tanti, tantissimi fatti che ci devono far riflettere, e di molti di questi fatti, per fortuna, si sta occupando la magistratura: la scommessa però è quella di non fermarsi alla semplice denuncia, ma di andare oltre, cercando di individuare le cause di un fenomeno che in Italia ha superato la soglia di normalità e che sta diventando una patologia talmente grave da frenare lo sviluppo della nazione non solo dal punto di vista economico, ma anche da quello culturale.

Il problema di cui ci occupiamo non è la singola raccomandazione, o il singolo raccomandato: il problema è che dove entra un raccomandato non è stato valutato il merito dei candidati, al di là di quello che può essere il valore del singolo assunto. E se il merito non viene valutato in nessun ambito del sistema, se l'intero Paese smette di misurare i talenti e le capacità dei suoi operatori, il sistema si blocca, smette di crescere, si deteriora. Una semplice denuncia sul fenomeno della spintarella rischierebbe di trasformarsi nella scoperta dell'acqua calda, la vera sfida è riuscire a scoprire come funziona il meccanismo scellerato di selezione della classe dirigente che sta affondando il Paese, una vera e propria epidemia che, dopo aver colpito la nazione in ogni suo strato, ne sta lentamente trasformando il dna.

Mal di merito non vuole compilare liste di colpevoli, vuole individuare le radici di un male che ci attanaglia, e, se possibile, vuole aiutare a trovare una soluzione. Questo è possibile solo se si riesce a capire perché noi italiani *siamo fatti così* da sempre, al di là dei nomi dei potenti che, a turno, hanno fatto il bello e il cattivo tempo. E al di là dei nomi degli impotenti che, a turno, glielo hanno lasciato fare.

Seconda parte
I controlli

1
Il futuro ereditario

Un supereroe per amico

Verso la fine degli anni Novanta il Giornale Radio mi mandò in Sud America per una lunga inchiesta mirata ad approfondire le debolezze delle economie dell'area, le stesse debolezze che avrebbero in seguito portato l'Argentina a dichiarare *default*, nel dicembre 2001. Preparai un lungo viaggio che mi avrebbe condotto in diverse nazioni, e contattai quindi le varie ambasciate, in modo da ottenere un aiuto e qualche appuntamento una volta sul posto. Scoprii che un importante funzionario di una nostra ambasciata era un mio compagno di università, un simpaticissimo ragazzo romano con cui avevo diviso la preparazione di vari esami.

Arrivato nella sua città andai a cena da lui e, mentre il maggiordomo in livrea ci serviva in uno splendido salone un'amatriciana preparata in mio onore, il mio amico mi raccontò un episodio molto divertente.

Un paio di settimane prima la famiglia era venuta a trovarlo dall'Italia e si era scatenato un feroce litigio tra suo padre, che era andato a salutarlo sul lavoro, e l'usciere dell'ambasciata che non voleva farlo entrare, non ricordo per quale motivo. Urla, insulti e forse qualche spintone, a sottolineare che il mio amico non discendeva da una casata di diplomatici, e tutta l'ambasciata basita, affacciata alle finestre, per vedere come andava a finire.

Lui raccontava l'episodio ridendo come un matto e sottolineava la morale: era diventato di colpo evidente ai colleghi che nel suo caso non era stato il sangue blu a fare di lui un buon diplomatico, ma piuttosto quella determinazione e quel carattere che probabilmente aveva ereditato proprio dal padre. (Non ricordo che lavoro facesse quest'ultimo, ma di sicuro sulle pareti di casa non erano appesi i ritratti dei suoi avi.)

All'università, il mio amico era uno dei più bravi, forse il migliore. Era un'università privata, frequentata da molti rampolli della «Roma bene», e lui, con il maglione portato *a pelle*, il «Corriere dello Sport» sotto il braccio, solcava la piazzetta ricolma di *yuppies* incravattati e studentesse firmatissime per raggiungere l'aula e sedersi in un posto qualsiasi. Rideva e scherzava con chi gli era vicino, poi, quando iniziava la lezione, ascoltava e prendeva appunti. Il giorno dell'esame arrivava disteso, aspettava che lo chiamassero e si prendeva il suo 30. Salutava tutti e se ne andava. Raccontava che voleva fare l'ambasciatore, e considerato che molti degli iscritti al nostro corso avevano la stessa ambizione, ma che potevano adagiarla su doppi cognomi e *pedigree* millenari, tutti lo guardavano come si fa con un bambino che si ripromette, da grande, di fare il papa. Lo dico solo per inciso: si era anche innamorato di una bella ragazza che non voleva saperne di lui, e che naturalmente ora è sua moglie.

Lui era uno di quei supereroi che riescono a realizzare i propri sogni persino in un Paese come l'Italia, ma sorprese del genere sono rare.

Il Paese bloccato

In Italia è semplicissimo, conoscendo i figli, risalire al mestiere del padre. Siete con un notaio? Il padre fa il notaio. Siete con un avvocato? Il padre fa l'avvocato. Imprenditore? Padre imprenditore. Giornalista? Padre giornalista.

Operaio? Padre operaio. In particolare, se tuo padre fa l'operaio, preparati a combattere contro una società che farà di tutto per vedere anche te inchiavardato alla catena di montaggio.

Il sociologo Antonio Schizzerotto[1] si è dedicato a un poderoso lavoro di catalogazione dei destini degli italiani: ha individuato le famiglie, ha controllato quali fossero le professioni dei padri e le ha confrontate con quelle dei figli. Ne è emerso il quadro inquietante di una società immobile, fondata sulle caste, un vero e proprio ritorno alle origini della nostra storia, quando erano lo status familiare e il contesto in cui si nasceva a determinare il futuro di una persona.

I calcoli, molto complicati, sono basati sulle cosiddette tabelle della mobilità sociale: a noi basti sapere che, in media, il 20,2 per cento dei figli di imprenditori e di liberi professionisti rimane nella stessa posizione dei propri padri, mentre solo il 3 per cento dei figli di operai riesce a diventare imprenditore, dirigente o libero professionista.

Essere figlio di un professionista è come un'assicurazione sulla vita: solo il 18,9 per cento dei figli di imprenditori, liberi professionisti e dirigenti scende verso quello che una volta si sarebbe chiamato il proletariato, mentre ben 7 figli di operai su 10 sono destinati a fare gli operai.

Domanda semplice: chi ci rimette se un figlio di un imprenditore non è portato per il lavoro del padre, ma ciò nonostante ne eredita l'impresa? E chi ci rimette se il figlio di un muratore è potenzialmente un genio della medicina ma è condannato alla cazzuola? Ci rimette il sistema (che vedrà fallire un'impresa e perderà un buon medico) e ci rimettono gli interessati, destinati in entrambi i casi a una vita di insoddisfazioni.

In una società di mobilità perfetta, calcola Schizzerotto, «dovrebbero fare gli imprenditori, i liberi professionisti e i dirigenti il 5,6 per cento dei figli di impiegati, il 5,6 per cento dei figli di lavoratori autonomi e il 5,6 per cento dei figli di operai. Il fatto che in realtà ben il 20,2 per cento dei figli di imprenditori, liberi professionisti e dirigenti faccia lo stesso mestiere dei padri e che solo il 3 per cento dei figli di operai riesca a diventare imprenditore, libero professionista o dirigente significa che siamo in presenza di un forte squilibrio competitivo tra soggetti di diversa origine sociale». Cosa vuol dire «squilibrio competitivo»? Vuol dire che se gareggiassero tutti sui 100 metri, i figli dei ricchi partirebbero dalla linea del via e i figli dei poveri si sistemerebbero 30 metri indietro, con una cintura di pesi piombati legata alla vita, senza scarpe, con il pubblico dello stadio che tifa contro e l'allenatore che ride loro in faccia.

«I figli degli imprenditori, dei liberi professionisti e dei dirigenti» spiega Schizzerotto «rimangono nelle posizioni dei padri quasi cinque volte più spesso di quello che si dovrebbe verificare qualora la società italiana garantisse un'effettiva uguaglianza delle opportunità.»

In Italia i figli di operai che riescono a diventare liberi professionisti sono tre volte meno di quanto accadrebbe in una società meritocratica, mentre i figli di operai destinati a ereditare il lavoro del padre sono circa sei volte di più di quello che sarebbe lecito attendersi se il destino di ognuno di noi dipendesse dalle proprie capacità.

Nel feudalesimo e nell'Ancien Régime i figli dei nobili restavano per sempre nobili, i figli dei cardinali diventavano cardinali, e i figli dei contadini facevano i contadini. Oggi non è cambiato niente: professioni e ricchezze si trasmettono con il dna. Esiste qualcosa di meno meritato del dna? Esiste qualcosa di più frustrante di pensare che il nostro destino ci scorra nel sangue?

La finestra sul (proprio) cortile

Una società in cui nessuno si aspetta nulla dal futuro, in cui in pochi hanno la speranza di vedere migliorare il proprio livello di vita è una società immobile, che non trova ragioni per cui crescere. Un Paese abitato da gente che non ha motivazioni è un Paese senza cuore, senza anima. Una comunità che si abitua alle ingiustizie e ai privilegi è una comunità povera, non solo spiritualmente, ma anche economicamente.

Quando parliamo dell'Italia parliamo di 60 milioni circa di persone, 60 milioni di cervelli che il più delle volte si confrontano sempre e solo con quello che vedono; imparano la vita osservando la propria famiglia, il proprio condominio, il proprio posto di lavoro, la propria città. La realtà che ognuno di noi ha davanti ai propri occhi è quella che forma il nostro modo di pensare, le nostre convinzioni, le nostre paure, il nostro coraggio.

Un figlio che non trova lavoro è per un padre un fallimento enorme, globale, il fallimento del sistema nel suo complesso, così come un'ingiustizia subita da un figlio, da una moglie, da un fratello è la più grande ingiustizia possibile. Chi perde la propria piccola battaglia odia tutto il Paese, chi perde una piccola speranza perde tutta la speranza del mondo.

Ci sono casi di cronaca italiana che non hanno avuto grosso risalto sulla stampa nazionale ma che, per chi li ha vissuti sulla propria pelle, hanno compromesso la credibilità dell'intero sistema Italia probabilmente in maniera definitiva. Prendiamo Francavilla Fontana, paesino della provincia di Brindisi: qualche anno fa un concorso comunale mise in palio 27 posti, e 22 di questi finirono assegnati a parenti e amici dei politici locali. «I giornali» scriveva «la Repubblica»[2] «hanno dovuto catalogare i vincitori per linea parentale. Fidanzate, poi mogli, poi figli, cugini, nipoti.» Il posto da vigile urbano era andato alla fidanzata del figlio di un dirigente politico, mentre la futura nuora di un assessore era stata selezionata per il posto da istruttore amministrativo. Anche il fidanzato della figlia del ragioniere capo del Comune aveva vinto il concorso, e aveva stracciato la concorrenza anche il fidanzato della nipote di un senatore. Più brava degli altri era stata la moglie del capo dei vigili urbani, così come un impiego di livello si era assicurata la moglie del consigliere comunale del secondo partito di maggioranza. Ottimi anche i piazzamenti del figlio di un capogruppo comunale, del figlio di uno storico militante del partito di maggioranza relativa, dei due nipoti del senatore di cui sopra, oltre a quello della figlia della sorella della vicesegretaria comunale.

«I figli, notoriamente *piezz'e core*» raccontava il quotidiano «compongono la parte più nutrita del nuovo organigramma municipale»: il posto da geometra era andato al figlio del vicesindaco, alla figlia di un geometra prossimo alla pensione sarebbe andato il posto del padre, mentre diventava vigile urbano il figlio di un impiegato comunale.

Cosa insegna Francavilla? Intanto che il potere elargisce il lavoro. Ma anche che non serve *far parte* di un gruppo di potere per accedere a una raccomandazione, basta riuscire a *intercettare* un componente del gruppo. La fattispecie è quella del miracolo, della cooptazione *ad nutum*, del gesto grazioso di chi può, della liberalità da parte del potente che ti «tira su» e ti fa salire sul carro della vita.

La discrezionalità del potente è assoluta: come nelle favole, è il nobile che può forgiare il tuo destino, decidendo di raccoglierti per la strada e di portarti a corte. È *il sottosegretario* che bacia il rospo, e lo trasforma in principe.

Un mio collega lo aveva anche teorizzato: «Ai politici bisogna fargli pena» diceva. «Ti devi mostrare tapino tapino, così che possano mostrare la propria virtù aiutandoti a salire in sella sul loro cavallo. Per arrivare alla spinta giusta» concludeva «non devi essere potente, devi *saper arrivare* a un potente.» Tecniche di circonvenzione di potente: può sembrare assurdo, ma è così. Abitare nello stesso pianerottolo di un ministro può essere molto più utile che militare nel suo stesso partito; ha più possibilità di acchiappare una raccomandazione il vicino di casa al mare di un politico che non il povero portaborse che (magari in nero) lavora da un lustro alle sue dipendenze.

Il giovane che impara a farsi strada è quello che impara a non farsi notare, a non spaventare i potenti, a rassicurarli che non sarà lui a crear loro problemi. Il sistema insegna ai neofiti a piegare il capo davanti a chi ha il potere.

A questo punto non ci resta che rispondere alla domanda: ma in Italia, il potere, chi ce l'ha?

2
L'Italia del potere

La nostra classe dirigente

«La classe dirigente italiana risulta essere: lenta nel ricambio, scarsamente internazionale, maschilista e forte, soprattutto, nell'autolegittimarsi attraverso il consenso piuttosto che attraverso i meriti. In sostanza l'esatto contrario di come dovrebbe essere una classe dirigente di un Paese moderno.» Il giudizio, netto e perentorio, è di Pier Luigi Celli,[1] direttore della Luiss, che con la sua università ha pubblicato il primo rapporto sulla classe dirigente italiana, uno studio corposo e approfondito che traccia un quadro piuttosto fosco della realtà nazionale. «Le élite si formano secondo diversi modelli» continua. «Il modello dominante è quello della corte, la cui regola è l'ossequio; un altro è quello del clan, la cui regola è la fedeltà. Poi c'è la tribù, fondata sul rispetto, e infine la scuola, in cui chi è arrivato al vertice insegna agli altri. Ma questi due ultimi modelli da noi sono poco diffusi.»

Il meccanismo di formazione (e ricambio) della nostra classe dirigente «è un meccanismo inceppato sin dalla scuola che si è sempre più liceizzata, e quindi tende a non sviluppare competenza, ma a accumulare conoscenze spesso disordinate. Una volta le università erano di meno e più selettive. Esistevano delle scuole di formazione aziendale ben strutturate come Olivetti, Eni, Fiat. Una volta c'erano i grandi apparati ideologici che formavano la classe dirigente, c'erano ad esempio le organizzazioni che facevano capo alla Chiesa, o c'erano i partiti politici, come ad esempio il Pci. Esistevano grandi apparati formativi, ed era impossibile fare carriera senza aver frequentato questi corsi. Ma le classi dirigenti» continua il direttore generale della Luiss «non nascono dal nulla. Nascono in certi contesti e hanno bisogno di formarsi e fare esperienza: oggi il sistema che produce conoscenza è piuttosto disarticolato, non esiste più una realtà che consente di fare esperienza duratura nel tempo». Si ha una gran voglia di arrivare subito, ma poi ci si scontra con strutture chiuse, che non lasciano spazio alle aspettative dei più giovani: il risultato è quello di sedimentare grandi frustrazioni.

Bisogna però fare una precisazione riguardo all'età degli italiani: sono convinto che un giovane possa essere un giovane cretino, oppure un giovane in gamba, così come un uomo maturo può essere un uomo maturo in gamba, oppure un cretino. Nella nostra inchiesta insisteremo sul fatto che in Italia l'età media delle varie classi dirigenti è piuttosto elevata, e questo non è un bene, perché per affrontare le tante sfide che si trova davanti il Paese serve il contributo di tutti, giovani, adulti e anziani. Il problema vero, però, è un altro: l'età media dell'insieme delle nostre classi dirigenti (élite politica, élite economica, élite culturale...) è all'incirca sui 60 anni, mentre una decina di anni fa stava sui 50. Il punto non è che sono anziani, il punto è che sono gli stessi di dieci anni fa, invecchiati, per l'appunto, di dieci anni. La media statistica invecchia insieme a loro, perché sono sempre gli stessi: diventano sempre più anziani con il potere addosso, in una società immobile, che non cambia mai guida.

Roma prima

Nell'antica Roma se si voleva accedere a un ruolo istituzionale, bisognava avere alle spalle un preciso percorso formativo, una carriera rigidamente definita. L'ordine di successione degli uffici pubblici si chiamava *cursus honorum*.

All'epoca della Repubblica romana e nei primi anni dell'Impero, per ottenere un determinato incarico, era necessario aver in precedenza assolto alcuni compiti, in una successione che alla fine garantiva una ragionata (in base ai criteri di allora) miscela di incarichi militari e politici, e che supponeva quindi che si arrivasse a un ruolo solo dopo aver mostrato capacità in un altro. Ogni ufficio aveva un'età minima per l'elezione, ed erano previsti intervalli minimi per accedere a uffici successivi, mentre le leggi proibivano di svolgere due volte alcuni incarichi. Aver tenuto ogni carica all'età più giovane possibile era considerato un grande successo politico.

A Roma non esisteva nulla di simile a quello che oggi sono i partiti politici, e questo legava la selezione alla reputazione personale dei candidati, o a quella della loro famiglia di provenienza: ovviamente quelli che provenivano dalle famiglie più importanti erano favoriti. Il nepotismo era una parte integrante del sistema.

Per accedere al *cursus honorum* bisognava aver servito dieci anni nella cavalleria romana (gli *equites*) o nello staff di un generale che in genere era parente o amico della famiglia di provenienza: i dieci anni erano considerati obbligatori per essere qualificati a un incarico politico, anche se nella pratica la regola non era applicata rigidamente. I passaggi successivi del *cursus honorum* erano elettivi.

Innanzitutto si diventava questore, ad almeno 30 anni, cosa che garantiva l'automatica ammissione tra i membri del Senato. A 36 anni, gli ex questori si potevano candidare per l'elezione a una delle quattro cariche di Edile, che comportava responsabilità amministrative con competenza su quelli che oggi chiameremmo i «lavori pubblici»: gli edili erano solitamente due patrizi e due plebei.

I sei Pretori (sostanzialmente degli amministratori della giustizia, che però potevano anche comandare una legione e avere l'incarico di governare, alla fine del loro mandato, province non assegnate ai Consoli) venivano eletti tra gli uomini di almeno 39 anni.

La carica di Console era infine la più prestigiosa, il vertice di una carriera riuscita. I Consoli (a un certo punto divennero due, in modo che uno controllasse l'altro) erano responsabili delle decisioni politiche della città, comandavano eserciti di grandi dimensioni e governavano, alla fine del loro mandato, province importanti; un secondo mandato come Console poteva essere tentato solo dopo un intervallo di dieci anni.

Roma adesso

Nella Roma, ovvero nell'Italia, di oggi è francamente difficile ricostruire un *cursus honorum*: non esiste alcun percorso da compiere, nessun criterio che regoli la formazione di un aspirante dirigente, né l'andamento di una carriera pubblica. «Esauriti i grandi laboratori del passato» si domanda Giuseppe De Rita[2] «come i centri studi dell'Iri e dell'Eni, la Svimez di Saraceno e la Confindustria di Costa, il sindacato di Pastore o di Di Vittorio, la Banca d'Italia di Menichella, cosa offre oggi il panorama?» Una volta i canali erano istituzionalizzati, si faceva politica formandosi negli apparati politici, si governavano le aziende dopo aver fatto esperienza nelle aziende stesse. Adesso questi canali sono scomparsi, e chi aspira a far parte della classe dirigente non ha le possibilità di crescere di cui ha goduto chi nella classe dirigente c'è già. In pratica tutti hanno voglia di arrivare, ma nessuno sa quale strada imboccare: non studiano con profitto (e più in là parleremo del nostro sistema di studi) e soprattutto non possono imparare dal *fare*, perché il loro turno non arriva mai, e perché i potenziali maestri non hanno alcun interesse a formare dei temibili concorrenti. Le élite esistenti ne approfittano per chiudersi, resistono a ogni assalto e alla fine sviluppano un pericolosissimo senso di superiorità. Come se ne esce?

«Scardinando un aspetto strategico, l'età» suggerisce Pier Luigi Celli.[3] Secondo le statistiche la nostra società è in mano agli ultracinquantenni, con un presidio molto forte di ultrasessantenni, e la percentuale di quarantenni nella stanza dei bottoni è irrisoria: sì e no il 5 per cento;[4] a questo si aggiunga che, ad esempio, dal 1998 al 2004 il peso dei settantenni nelle élite è cresciuto dal 18,8 al 23,4 per cento.[5] Le élite invecchiano, non sono più in grado di interpretare il mondo che sta loro intorno: quest'ultimo peggiora, sviluppa frustrazione, rabbia, senso di inadeguatezza. Il contesto, intorno alle élite mummificate, decade, e diventa sempre più raro trovare qualcuno che meriti di entrare nella stanza dei bottoni.

Il rischio è che la società si divida in due: chi vuole far carriera anche senza averne le capacità si affida alla cooptazione (e quindi alla raccomandazione) e china il capo attendendo il favore del potente di turno, in attesa che arrivi il proprio momento; chi non vuole «chinare il capo» delegittima le élite esistenti, chiedendo la ristrutturazione radicale del sistema. Fioccano i giustizieri, quelli che «le cantano» a tutti, il cittadino si esaspera e non sa più se affidarsi ai vecchi incapaci o ai nuovi troppo arrabbiati.

Senza dimenticare che la classe dirigente non dovrebbe stare là a godersi il panorama, la classe dirigente dovrebbe lavorare e risolvere i problemi: se non lo fa, se i problemi non vengono risolti, incancreniscono e, a loro volta, peggiorano.

Le età della politica

Tony Blair, a 54 anni, ha abbandonato nel 2007 la scena politica dopo un decennio in cui ha cambiato il volto del suo Paese; il suo predecessore John Major, primo ministro del Regno Unito fino al 1997, ha chiuso il suo incarico a 54 anni ed è stato poi a capo della divisione europea del gruppo Carlyle. Al Gore, vicepresidente americano con Clinton, a 52 anni, nel 2000 perse le elezioni con strettissimo margine contro Bush: oggi ha fondato una tv interattiva per i giovani, e gira il mondo tenendo conferenze su temi ambientali. Michail Gorbačëv a 59 anni, nel 1990, dopo aver traghettato l'Unione Sovietica fuori dal comunismo ha rassegnato le dimissioni da capo di Stato ed è diventato Presidente della Fondazione Gorbačëv, oltre a essere, dal marzo 1993, Presidente della Croce Verde Internazionale. Il premier tedesco Gerhard Schröder (che prima di entrare in politica era un avvocato di successo) ha lasciato ogni incarico a 61 anni, dopo aver perso le elezioni, e ha accettato una responsabilità alla Gazprom russa. Anche José María Aznar a 51 anni, dopo aver perso le elezioni nel 2004, si è ritirato dalla politica attiva.

Felipe Gonzalez Márkez, il terzo presidente del governo della Spagna democratica, lasciò il suo incarico nel 1996 a 54 anni, dopo 12 anni di governo. Oggi fa l'avvocato, e ha aperto una bottega di artigianato: fabbrica gioielli (a mano), e sembra pure che siano molto belli. Gro Harlem Brundtland è diventata la più giovane primo ministro norvegese a 41 anni, nel 1981; oggi ha ripreso la sua professione di medico, ed è impegnata sul fronte ambientalista.

Carl Bildt, ex primo ministro di Svezia, ha lasciato a soli 45 anni, nel 1994, e ora si dedica alla causa dei Balcani in qualità di presidente del Gruppo Kreab.

Wim Kok, primo ministro olandese fino al 2002, si è ritirato dalla politica attiva e, viste le sue competenze da sindacalista, ha compiuto uno studio per il rilancio dell'Agenda di Lisbona.

Infine, Junichiro Koizumi, primo ministro giapponese per cinque anni, è uscito di scena a 64 anni, nel 2006, dichiarando di volersi dedicare (finalmente) alla sua passione: la musica, lirica e rock.

Adesso torniamo a casa nostra.

Prodi, Fassino, Rutelli, Bertinotti, Mastella, Di Pietro, Diliberto e gli altri perdono le elezioni del 2001 (dopo che molti di loro avevano già governato dal 1996)? Saranno loro a vincere le elezioni del 2006. Berlusconi, Fini, Casini, Tremonti, Gasparri, Moratti, Bondi e gli altri perdono le elezioni del 1996? Saranno loro a governare dal 2001, e a preparare la rivincita dal 2006 in poi. Le elezioni politiche del 2006 hanno visto due candidati prossimi ai 70 anni contendersi il ruolo di primo ministro (entrambi, tra l'altro, avevano già ricoperto la stessa carica in passato). Nel primo governo Prodi, Giovanna Melandri era il ministro più giovane: dieci anni dopo, nel nuovo governo Prodi, il ministro più giovane è ancora la Melandri, con dieci anni di più.

Scrive il sociologo Gianluca Violante:[6] «In Italia a 65 anni si va in pensione. Ma non in politica. Quando la quasi totalità delle carriere lavorative si esaurisce, quella politica raggiunge l'apice: se ne va un presidente del Consiglio di quasi 70 anni e ne subentra uno di 67. Carlo Azeglio Ciampi termina il suo mandato di presidente della Repubblica a 86 anni e Giorgio Napolitano inizia il proprio a 81. In Italia meno di un quinto della popolazione ha più di 65 anni. Una squadra di sessantenni al vertice della classe politica di certo non promuove il coinvolgimento dei giovani nella vita politica attiva. Semmai, li allontana ulteriormente, rischiando di far apparire la carriera politica come un'attività in mano a un'altra generazione. Un po' come le bocce». Non facciamoci illusioni, non è un fenomeno passeggero: è nel nostro dna, basti pensare che anche il pre-Tangentopoli non era caratterizzato certo da un turbinio di facce nuove. Nella sua storia l'Italia ha avuto un solo premier poco più che quarantenne (Giovanni Goria) e l'ultimo presidente del Consiglio quarantasettenne è stato Aldo Moro nel 1963.

Il sociologo Carlo Carboni,[7] che ha affrontato con un serio e approfondito studio il problema dell'età della nostra classe dirigente, spiega che il nostro ceto politico (tra l'altro) non è vecchio, ma di mezza età, e che può vantare un livello di preparazione più alto di altre élite: in politica però, come nelle università, come nella stampa, come nel mondo dell'economia, gli incarichi che contano sono sempre delle stesse persone.

Nei secoli pazienti

Solo un leader-dirigente politico su dieci ha tra i 30 e i 40 anni, mentre gli over 65 occupano praticamente tutte le alte cariche dello Stato. Gli ultracinquantenni entrati in politica dopo lo scossone di Tangentopoli gestiscono tutte le cariche politiche strategiche, e ai quarantenni non resta altro da fare che attendere, con pazienza, il loro turno. «Il Paese delle porte girevoli: basta mettersi in fila e il momento di entrare arriva per tutti» commenta Luca Josi, una volta a capo dei giovani socialisti, oggi imprenditore di successo.

In Italia anche in politica si fa carriera essenzialmente con l'età. È un criterio neutrale di avanzamento – invecchiare tocca a tutti in ugual misura – e in fondo è sempre stato visto come legato alla essenziale natura pubblica dell'attività politica. Insomma, come nella pubblica amministrazione, anche in politica si presume che più passa il tempo più si diventi bravi.

La classe politica italiana, spiega Carboni, ha un tasso di

ricambio tutto sommato elevato, che è oscillato tra il 40 e il 50 per cento dal dopoguerra a oggi: si tratta però di un dato scontato, visto che le regole democratiche, con le elezioni, assicurano il ricambio almeno ogni cinque anni. Due i ricambi record: picco in alto nelle elezioni del 1994 (dopo Tangentopoli), quando il 70 per cento degli eletti non aveva mai messo piede in Parlamento, picco in basso con le elezioni del 2006 (XV legislatura) quando il tasso di ricambio è piombato al 40 per cento. Questo significa che oggi come oggi su 10 politici in Parlamento solo 4 sono «nuovi»: il dato diventa ancora più significativo se si pensa che a comandare (e a scegliere i 4 neoeletti) è sempre uno dei 6 veterani la selezione per pazienza. Aspetta, non creare problemi, e il tuo momento prima o poi arriva.

La porcata

Una vecchia storiella (credo originariamente riferita al Pci ma in realtà utilizzata per commentare le vicende di più di un partito politico) racconta che un buon segretario di partito sia solito scegliere come proprio vice uno non troppo intelligente, di modo da garantirsi che non gli faccia le scarpe prima del tempo. Quando poi arriva il suo momento, il vice diventa segretario, e si sceglie a sua volta un vice non troppo intelligente. La cosa va avanti fino a che il segretario di turno non è così stupido da scegliersi un vice che crede un fesso, ma che in realtà fa finta di esserlo, e che gli fa le scarpe prima del tempo. E il giro così ricomincia...

Il costituzionalista Michele Ainis[8] ha definito la legge elettorale varata dal governo Berlusconi (quella che Calderoli battezzò «una porcata» pensata per far vincere le elezioni alla Cdl) «il più grave scandalo della democrazia italiana». Il funzionamento è più o meno questo: i vertici dei partiti decidono un elenco di nomi da presentare collegio per collegio, ciascuno con il suo numero in ordine progressivo: il numero 1 ha tot possibilità di essere eletto, il numero 2 ne ha di meno, il numero 3 ne ha di meno ancora, e così via. Ma come vengono distribuiti i posti in lista, come vengono scelti i candidati?

Non sappiamo dire se i prescelti dalle direzioni dei partiti siano fessi o non lo siano. Di certo il sistema non garantisce che i candidati si meritino l'elezione conquistando il consenso dei cittadini, ma rende piuttosto necessario il consenso dell'élite al potere che gestisce, insieme al numero di liste di candidati, anche la loro possibilità di essere eletti. Si può quindi verificare il caso che al primo posto il politico italiano metta il seguace più fedele, al secondo uno un po' meno fedele, al terzo quello meno fedele ancora etc. etc.

Nel caso questo meccanismo di selezione avesse lasciato filtrare qualche indesiderato tra le maglie dei collegi elettorali, entra in azione un meccanismo di riserva. I tre o quattro leader nazionali possono candidarsi in tutti i collegi, e saranno loro quindi, in seguito, a scegliere in quale collegio risultare ufficialmente eletti, decidendo in pratica quali candidati far subentrare al loro posto in Parlamento. Doppia scrematura degli eletti, tutto all'insaputa dell'elettorato. Al posto di quella per merito si fa largo la selezione per fedeltà.

Le regole generali

Nulla si crea e nulla si distrugge in Italia, tutto si sposta. E quando si dice tutto, si intende proprio tutto. Abbiamo visto che i leader sono sempre gli stessi, ma non solo: anche i politici di seconda fila non lasciano mai il campo. Piuttosto lo cambiano. L'assoluto dell'antimeritocrazia: in Italia persino i *peones* non lasciano il posto a nuovi *peones*. Nemmeno la mediocrità è in palio, anche lei spetta sempre a pochi eletti. I politici di seconda fila si spostano, aspettano che ai loro leader tocchi un nuovo giro restandosene acquattati da qualche parte, magari nascondendosi in un incarico di simil-prestigio, in una sorta di tettonica a zolle del potere che scorre sotto la società civile del Paese addormentato. La regola generale sembra essere «il sapersi muovere», il «prendere il treno giusto», il sapersi agganciare insomma al successo o al potere di qualcun altro. Fioccano le presidenze, le cariche onorarie, le consulenze: al riparo da sguardi indiscreti, gli eterni *peones* attendono di essere dimenticati per tornare a occupare ruoli di maggior potere.

Questo vale anche per quel che riguarda le carriere pubbliche più alte: la mancanza assoluta di collegamento tra merito e carriera pubblica viene clamorosamente dimostrata dalla regola in base alla quale *nulla può frenare la carriera di uno che sia riuscito a iniziarla*. Nulla, neanche la disistima più totale da parte di chi quella carriera amministra, neanche quella che, agli occhi dei superiori, può apparire come una mancanza gravissima.

A Roberto Speciale, comandante rimosso della Guardia di Finanza, è stato offerto dal governo un incarico alla Corte dei Conti, nonostante il ministro dell'Economia Padoa-Schioppa avesse denunciato la sua «opacità di comportamenti», la sua «gestione personalistica e anomala» del Corpo e ancora «la continua distorsione di regole e procedure (che) ha portato il Corpo dall'autonomia alla separatezza». La destinazione alla Corte dei Conti appare ancora più grottesca dal momento che, a quanto emerge dai verbali degli interrogatori, una delle accuse mosse al generale dal viceministro Visco era proprio quella di sperperare denaro pubblico.

La mancanza di meritocrazia nella definizione delle carriere pubbliche si evidenzia anche analizzando il caso delle «Authority». Le autorità regolatrici, come le commissioni indipendenti, dovrebbero essere il tempio della competenza e dell'autonomia di giudizio, e invece nascono dal nulla competenze che permettono ad esempio a un ex commerciante (già sindaco) di diventare commissario Antitrust, oppure a un ex giornalista di diventare prima commissario all'Autorità garante delle comunicazioni, poi sulla base di questa nuova competenza, direttore generale della Rai. Un ex ministro diventa presidente del Cnel succedendo a un ex sindacalista, così come un ex deputato può diventare numero uno dell'Enac, o come diversi ex (?) politici dai più diversi profili professionali possono diventare commissari all'Autorità delle comunicazioni o a quella alla Privacy. Il Parlamento deve discutere un disegno di legge che impedisce ai politici di passare direttamente dalle aule del Parlamento a quelle degli organi tecnici indipendenti, ma quanti deputati avranno il coraggio di precludersi un così allettante sviluppo di carriera?

Quelli di cui stiamo parlando sono posti cui qualsiasi «non politico» aspira come improbabile apice di una carriera di meriti e di studi, e vengono invece distribuiti come «contentini» a persone che vogliono chiudere in maniera soddisfacente carriere di medio livello: incarichi importanti concessi come gli orologi aziendali ai pensionati. Si arriva al paradosso per cui un giovane laureato col massimo dei voti in Economia e Commercio può difficilmente sperare di arrivare nell'arco di una vita a occupare un posto alla Corte dei Conti, mentre un anziano generale della Guardia di Finanza può sempre riuscire a dimostrarsi così inaffidabile agli occhi dei propri superiori da arrivarci in tempi ridottissimi.

E le cose non cambiano se ci spostiamo nel mondo dell'economia. Ma prima di girare pagina, un'ultima precisazione: la propria classe dirigente un Paese democratico se la sceglie, e quindi, in ultima istanza, se la merita. Può essere difficile cambiarla, ma non è mai impossibile: se le cose non vanno, gli unici responsabili (e gli unici che possono farci qualcosa) siamo noi.

3
Il fortino dell'economia

Sicuro vincente

Che rischio imprenditoriale corre un manager, che stimolo può avere a fare bene se al suo ingresso in un'azienda sa già quale sarà la sua buonuscita, quali che siano i risultati che porterà a casa? Si chiama cultura della responsabilità, oppure etica del risultato: chi ti dà l'incarico ti spiega quali sono le condizioni in cui lavorerai, si concorda un compenso, se poi riesci a raggiungere l'obiettivo è merito tuo, se non ci riesci è tua la colpa. È uno schema molto semplice, ma in Italia è difficile vederlo applicato.

La senatrice Franca Rame si recò all'audizione dell'amministratore delegato di Alitalia in Commissione trasporti dicendo di voler vedere «la faccia di uno che guadagna 11.000 euro al giorno». In realtà pare che, al giorno, Giancarlo Cimoli di euro ne guadagnasse 7646, ma la retribuzione dell'allora Ad della compagnia di bandiera aveva già fatto discutere due anni prima, quando la sua uscita dalle Ferrovie aveva raggiunto i 6,7 milioni di euro. Meglio, tra l'altro, era andata al suo successore in Fs, Elio Catania, che aveva incassato 7 milioni di euro per lasciare il posto al professor Innocenzo Cipolletta.

Nel momento in cui andiamo in stampa Alitalia non è vendibile, tanto è malmessa, e le grida d'allarme dei manager Fs riempiono le pagine dei giornali una settimana sì e una no. Bisogna essere onesti: è così da sempre, ed è possibile che le retribuzioni concordate siano anche spiegabili alla luce della disperata situazione che i manager di volta in volta accettano di affrontare. Ciò non toglie però che le situazioni (disperate in partenza) restino disperate anche a fine mandato. Le retribuzioni corrono, i problemi restano.

Il massimo di reazione che ha garantito il potere politico è stato quello di varare un tetto alle retribuzioni dei manager di Stato, una soluzione tanto lontana dalla cultura del risultato quanto quella di regalare il denaro senza parametrarlo rigorosamente agli obiettivi raggiunti. Dare tanto o dare poco a un dirigente non è mai né giusto né sbagliato in assoluto, è giusto o sbagliato in rapporto agli obiettivi che ha raggiunto: se rilancia l'azienda va ricoperto d'oro, se la affossa non gli si dà un euro. Se ci si preclude la possibilità di pagare tanto, ci si preclude la possibilità di ingaggiare grandi manager, a meno che non si decida di puntare tutto sulla valorizzazione di giovani amministratori rampanti, disposti a lavorare tanto e guadagnare «poco» (un poco relativo, correlato ai guadagni di chi, nel privato, ricopre gli stessi ruoli): anche quest'ultima non dovrebbe essere comunque una scelta obbligata per legge, ma andrebbe fatta di volta in volta sulla base delle necessità dell'azienda in questione. È inutile però starne a discuterne: non sembra proprio essere questa la strategia scelta da chi guida il nostro sistema.

Manager e conoscenze

In Italia «entrare nel giro che conta» è fondamentale se vuoi fare carriera. Alberto Amaglio è amministratore delegato della Korn/Ferry, la società numero uno al mondo di «cacciatori di teste». Per conto di clienti come la Walt Disney, la Occidental Petroleum, la Nissan, la Barclays Bank, la Yamaha, si occupa di selezionare il personale migliore. Presente con 37 uffici in 17 Paesi, dal 1988 la Korn/Ferry ha aperto filiali anche da noi. «In Italia» spiega Amaglio «il ricorso a agenzie come la nostra è ancora molto limitato. Per le posizioni molto importanti in Italia non si ricorre quasi mai a un cacciatore di teste. Quando si cerca un nuovo amministratore delegato per l'Eni o per l'Enel il nome c'è già, se si sta cercando il nuovo Ad di Telecom escono già tre o quattro nomi sul giornale. Non c'è alcuna voglia di andare a cercare fuori dal solito orticello.»

I manager in Italia sono sempre gli stessi, passano da un incarico all'altro e si scambiano gli uffici, mentre ci sarebbero professionisti validissimi che lavorano all'estero e che nessuno sembra intenzionato a conoscere. «Pensate all'Ad della Fiat, Marchionne» spiega Amaglio «chi lo conosceva prima che arrivasse a Torino? Eppure, a quanto pare, il suo lavoro lo sa fare.» Secondo Amaglio in Italia il problema è culturale: si riconosce l'importanza del talento, si sa che bisogna mettere una persona veramente capace a capo di un'azienda, ma poi questo non si traduce in azione. «Se per il vertice di questa o quella azienda (sia pubblica o privata) serve un top manager, non si chiede a una società specializzata di monitorare il mercato, di fare una selezione approfondita e vasta. Si chiede piuttosto all'amico, al collega, a un altro imprenditore di suggerire un nome.» Gli amici fanno il nome di chi conoscono, e anche quando sono in buona fede, le persone sono sempre le stesse (così come gli amici che sanno sceglierle, d'altronde).

Illuminante in tal senso il caso di Calciopoli: a sciogliere i nodi di un mondo corrotto è stato chiamato Guido Rossi, classe 1931, docente universitario dal 1958, già presidente della Consob nel 1981, senatore della Repubblica dal 1987 al 1992, presidente proprio di Telecom nel 1997. Rossi portò con sé Vito Gamberale, 63 anni, attuale amministratore delegato del Fondo Infrastrutture, già direttore generale di Telecom Italia nel 1994, amministratore delegato di Tim nel 1995 e di Autostrade dal 2000 al 2006. L'ufficio indagini della Figc fu affidato a Francesco Saverio Borrelli, 77 anni, già procuratore capo di Milano dal 1988 al 1999 e presidente della Corte d'Appello di Milano dal 1999 al 2002. Lo scoppiare di un'altra emergenza ha poi spinto il professor Rossi ad assumere nuovamente la presidenza di Telecom, e a dare le dimissioni dall'incarico di commissario della Figc. Eppure anche Antonio Cabrini è stato un grande terzino, ma, a un certo punto, il posto a Paolo Maldini lo ha dovuto lasciare.

Super manager, sempre verdi

Ricordate il gioco che si faceva da ragazzini, quello della sedia? Si mettevano in circolo le sedie, una in meno dei partecipanti al gioco, partiva la musica, si girava intorno al cerchio. Non appena si fermava la musica si correva a sedersi e chi rimaneva in piedi veniva eliminato. Le nomine nelle grandi aziende partecipate dallo Stato funzionano così: le sedie sono le società, i manager quelli che corrono in cerchio. Un'unica variante: le poltrone sono quante i partecipanti al gioco, e quindi, alla fine, non si viene mai eliminati.

L'attuale amministratore delegato dell'Eni rivestita la stessa carica all'Enel. L'amministratore delegato che gli ha lasciato il posto è diventato presidente delle Poste, mentre l'attuale amministratore delegato delle Poste era stato direttore generale Tim, Telecom e Siemens Italia. Delle Poste è condirettore generale l'ex Ad di Alitalia, già Rai, mentre l'ex numero uno di Alitalia era stato amministratore delegato delle Ferrovie, così come l'attuale presidente di Atm ha appena lasciato il posto di amministratore delegato delle Ferrovie. L'attuale presidente dell'Enel fu prima consigliere d'amministrazione Stet, Eni, Enichem, Credito Italiano, poi presidente e amministratore delegato Iri, l'amministratore delegato di Terna è stato direttore generale della Rai, dopo essersi occupato della Fiera di Milano.

Sono solo alcuni esempi, si tratta senza dubbio di manager che hanno faticato sul loro posto di lavoro, ed è quindi giusto che il giudizio sul loro operato e sui loro stipendi lo dia il mercato. Senza dubbio, tra l'altro, la lunga esperienza in un settore come quello delle ex partecipazioni statali li rende manager bravi ed esperti, ma è possibile che solo loro meritino gli incarichi che si scambiano l'uno con l'altro? Possibile che gli azionisti delle aziende che vanno a dirigere non si siano mai voluti togliere lo sfizio di sapere, anche solo per curiosità, che manager avrebbe loro suggerito un'agenzia internazionale di cacciatori di teste? Possibile che il mercato non offra altro che i soliti nomi per i soliti incarichi? Possibile che al vertice di una di queste grandi aziende non sia mai finito uno straniero, una donna, un quarantenne?

«Negli Stati Uniti» spiega Amaglio «il giorno dopo aver licenziato qualcuno, l'azionista (anche se pubblico, in America si rivolgono comunque ai cacciatori di teste per trovare dirigenti nel settore della sanità o dell'università) dà immediatamente ordine a un'agenzia di cacciatori di teste di trovare un sostituto. Il pubblico, in Italia, *spoils system* o no, ha invece un metodo di selezione legato all'interesse delle parti. Sceglie le persone per avere la garanzia di una complicità, di un aiuto futuro.» Da noi contano le persone più dei risultati, ed è quindi naturale che a guadagnarci siano le persone, e non i risultati.

Gli azionisti non pubblici, in Italia, contano pochissimo.

In quasi tutte le aziende che abbiamo citato come esempio è lo Stato – e non il mercato – a far le nomine, a gestire gli avvicendamenti. Anche nelle società in cui il mercato ha la maggioranza delle azioni e lo Stato ha la minoranza – è il caso di Eni ed Enel – il potere di nomina dei vertici è nelle mani del Tesoro: per salire al vertice bisogna guadagnarsi le simpatie del ministro, non quelle dei fondi di investimento. Se andate all'assemblea degli azionisti di una delle società partecipate dallo Stato, troverete al massimo gruppi di piccoli azionisti organizzati, magari qualche volto noto che opportunamente si fa loro portavoce, ma non troverete rappresentanti di grandi fondi di investimento internazionali: quelli non sprecano neanche i soldi del biglietto aereo per venire a Roma. Gli azionisti sarebbero certamente in grado di affidare la selezione dei manager a una società specializzata, e da questi colloqui potrebbe benissimo uscire il nome di una donna, di uno straniero, o di un quarantenne; ma i politici preferiscono scegliere di persona, e non hanno certo il tempo (né la voglia, spesso nemmeno la capacità) di scandagliare il mercato alla ricerca del più meritevole.

I politici italiani vanno sul sicuro, non rischiano su nomi che non conoscono, e non si sognano certo di affidare la selezione a una società di cacciatori di teste che non sia alle loro (anche indirette) dipendenze.

Professione Cda

Quando la Spencer Stuart (altra società di cacciatori di teste) si è messa a fare il conto di quanti fossero in Italia i «professionisti dei consigli di amministrazione» si è scoperto che da noi anche i Cda sono una cosa per pochi. Quasi tutti i consiglieri in Italia hanno incarichi in altri Cda: il 21 per cento ne ha più di 6, quasi il 10 per cento più di 10. Come si può sostenere bene il proprio ruolo con un numero così elevato di incarichi? E perché così poche persone sono in grado di svolgere questo compito? È un compito così difficile? O è piuttosto un compito *delicato*? In Italia abbiamo troppe società o troppo pochi manager?

In realtà essere in un Cda vuol dire tenere il posto in nome di qualcuno, di un determinato azionista proprietario, ed essendo in Italia le proprietà e il potere concentrati nelle mani di pochi gruppi, gli incarichi si cumulano nelle mani delle stesse persone. È ovvio che si tratta di persone che si spostano da un consiglio all'altro studiando (nel migliore dei casi) i dossier preparati dallo staff. Nel peggiore dei casi il consigliere arriva e non sa neanche di cosa si sta parlando, sa solo cosa deve votare.

Per farci un'idea, andiamo a vedere cosa significa cumulare incarichi scorrendo l'indagine della Spencer Stuart, riferita come dicevamo al 2006: ci limiteremo a indicare le persone che hanno più di 15 incarichi.

Presidente De Agostini Editore	presidente di Consuledit, De Agostini Periodici, Società Gestione Periodici, Unione Tipografico Editrice Torinese.
Vicepresidente De Agostini Editore	amministratore Unico della Vis Value Partecipazioni, consigliere di Lottomatica, De Agostini Diffusione del Libro, Mikado Films, M-Dis Distribuzione Media, Fondazione Achille e Giulia Boroli, De Agostini Partworks Licensing, Istituto Geografico De Agostini, Armando Testa, De Agostini Partworks Holding Bv, Fed Bv, De Agostini Uk Limited, Grupo Planeta-De Agostini, DeA Planeta, Edizioni Atlas (Francia), De Agostini Atlas Edition Bv.

Presidente di Società Reale Mutua Assicurazioni	presidente di Banca Reale, Rem Assicurazioni, Reale Immobili, Blue Assistance, LaPiemontese Assicurazioni, LaPiemontese Vita,Compagnia Italiana di Previdenza Ass.ni e Riass.ni, I.c.t. Immobiliare, Reale Seguros Generales, Reale Vida - Compania de Seguros y Reaseguros, Union Aseguradora Sociedad Anonima de Seguros Generales, Reale Sum - Agrupacion de Interes Economico, Immobiliaria Grupo Asegurador Reale, Immobiliare Mirasole, vicepresidente di Ala Assicurazioni e consigliere di SanPaolo Imi, Sara Assicurazioni, Sara Vita, Humanitas.
Amministratore delegato delle Assicurazioni Generali	presidente di Generali Finances, Belgica Insurance Holding, Generali Asset Management Sgr, Banca Generali, Generali Properties, vicepresidente della Banca della Svizzera Italiana, consigliere di Alleanza Assicurazioni, Generali Finance Bv, Partecipatie Maatschappij Graafschap Holland Nv, Generali France Holding, Generali España Holding Entidades de Seguros, Ina Vita, Assitalia, Transocean Holding Corporation, Agorà Investimenti, Bnl, Banca Intesa, Pirelli & C., Albula.
Presidente di Mediolanum	presidente di Reteilt, Axa Sim, Axa Interlife, D. G. Michaud, Palladio Finanziaria, Touring Club Italiano, Uap Vita, Polis Fondi Sgr, consigliere di Mediaset, Indesit Company, Gewiss, Data Service, L'Oreal Italia, Air Liquide, Efibanca, presidente del Comitato di consultazioni della Borsa Italiana, Monte Titoli.

Presidente delle Assicurazioni Generali	vicepresidente di Alleanza Assicurazioni, LVMH (Moet Hennessy Louis Vuitton), Bollorè Investissements, consigliere di Generali France, Christian Dior, Christian Dior Couture, Ciments Francais, Bollorè, Mediobanca, Amb Generali Holding Ag, Banca della Svizzera Italiana, Generali Holding Vienna Ag, Generali Finance Bv, Banca Intesa, Generali España Holding, Banco Santander Central Hispano.
Amministratore delegato Pirelli Re	Presidente di Pirelli Re Opportunities Sgr, Pirelli 5C - Real Estate, Pirelli Re Franchising Holding, Fratelli Puri Negri, Partecipazioni Finanziarie, Partecipazioni Real Estate, vicepresidente e amministratore delegato di Pirelli & C. Ambiente Holding, vicepresidente di Pirelli & C., Camfin, Sacra, amministratore delegato di Gpi-Gruppo Partecipazioni Industriali, consigliere: Capitalia, Aon Italia, Eurostazioni, Olimpia, Telecom Italia.

4
Il fortino dei media

Guardiani e pescatori

Mi ero laureato a dicembre del 1991, era la primavera del 1992, ed ero alla svolta della mia vita. Avevo sostenuto colloqui con banche, multinazionali, imprese grandi e piccole. Scartato da Fininvest (il colloquio si tenne sotto il ritratto di un sorridentissimo presidente), scelto dall'Unione Industriali di Roma e dal Banco di Roma (futuro Capitalia), avevo deciso di firmare l'assunzione in quest'ultimo, che avrebbe pagato meglio. L'appuntamento era per il lunedì pomeriggio, e naturalmente la domenica notte non chiusi occhio.

Non potevo nascondere a me stesso che avevo sempre, e da sempre, voluto fare il giornalista, anche se nel periodo dell'università avevo gettato la spugna, rinunciando a collaborare con riviste e quotidiani perché ero sicuro che, non essendo figlio di giornalisti, né di deputati, né di giudici né di politici, non sarei mai riuscito a diventare professionista.

Quella notte, alla fine, mi addormentai. E sognai. Stavo là, in pigiama, seduto alla scrivania della mia camera, davanti a una macchina da scrivere. Di colpo cominciai a battere sui tasti. Velocissimo, consumavo fogli di carta e copie carbone una dopo l'altra. Ero un giornalista, ed ero felice. Scrivevo ed ero me stesso.

Mi svegliai alle 7:30. Alle 15:00 sarei dovuto andare sulla Cristoforo Colombo (la via che congiunge Roma al mare) per firmare l'assunzione. Andai dai miei, che erano in cucina a prendere il caffè, e dissi loro: «Voglio fare il giornalista, io al Banco di Roma non ci vado». Un salto nel buio, ma i miei furono d'accordo con me: dissero che mi avrebbero sostenuto, moralmente ed economicamente, finché non fossimo riusciti nell'impresa: *infiltrarmi* nel mondo del giornalismo.

Come si faceva a diventare giornalisti? Bisognava entrare in una rete, conoscere un giornalista, essere in contatto con qualcuno che ci potesse presentare un giornalista. Bisognava predisporsi alla cooptazione, trovare qualcuno che si convincesse a esaminarmi, a testarmi. Sapevo di essere portato per questo mestiere, ma sapevo anche che nessuno se ne sarebbe accorto se non mi fossi *dato da fare*.

Quello del giornalismo è un mondo che oggi inizia ad aprirsi grazie alla nascita e alla diffusione delle scuole, ma negli anni Ottanta non sembrava esserci altra strada che la cooptazione. Io cercavo di forzare l'ingresso giocando tutte le carte che avevo: scrivevo ai vari direttori lettere ironiche, o disperate, o speranzose, a seconda del momento e dell'interlocutore. Mandavo articoli ai giornali, spedivo curricula ovunque, cercavo i numeri di telefono dei giornalisti e li chiamavo proponendomi. Fermai Sandro Curzi che usciva da un bar in piazza Navona, e chiamai al cellulare Mentana, dopo averne ottenuto il numero non ricordo come. Ricordo invece come mi risposero, e ora che vesto dei panni simili ai loro capisco che furono anche molto gentili. All'epoca ero invece convinto che, volendo, mi avrebbero potuto assumere dal giorno successivo al nostro incontro.

In tutto il pianeta, per entrare in un ambiente di lavoro, il più delle volte si viene presentati da qualcuno, oppure si viene a conoscenza, grazie a qualcuno, di un'opportunità di lavoro. La differenza tra l'Italia e, ad esempio, gli Stati Uniti d'America, è che oltreoceano le reti sono aperte, e che tutto è (relativamente, scopriremo) a portata di tutti. Un'azienda (o un giornale) hanno interesse a conoscere e parlare con più persone possibile, fare più colloqui di lavoro possibile, offrire opportunità al maggior numero di candidati possibile, in modo da scandagliare continuamente quel che offre il mercato del lavoro e prendere il meglio. All'ingresso del mercato del lavoro, in America, ci sono dei *pescatori*, che calano continuamente l'amo in acqua. In Italia non è così. Da noi ci sono dei *guardiani*: chi ha le chiavi tiene il portone ben chiuso, di modo da esercitare il suo potere nel consentire o vietare l'ingresso a chi sta fuori. Questa è, se vogliamo, la differenza tra *segnalazione* e *raccomandazione*. In entrambi i casi una persona introdotta fa il nome di qualcuno, ma mentre nel primo caso il referente si limita a garantire la bontà della candidatura, lasciando libero il suo interlocutore di decidere l'esito della stessa, nel secondo il «padrino» impone il suo figlioccio, pretendendo da interlocutori deboli la sua assunzione, o la sua valorizzazione, a prescindere da qualsiasi suo pregio o merito.

La Rai e gli altri

Come funzionano le cose in Rai? Come in tutti gli altri giornali: sulle carriere c'è una forte influenza dell'editore. Il problema è che quello di viale Mazzini è plurale, collettivo, nasce dall'alleanza delle forze che hanno vinto le elezioni, e per questo motivo è un editore insicuro, come insicure sono le alleanze che lo generano. La cosa più grave è che ogni componente del Cda amministra, insieme a quelli dell'azienda, anche gli interessi della singola forza politica che lo ha indicato. Il Cda della Rai è infatti di nomina politica. La cosa non sarebbe di per sé un male: anche il governatore di Bankitalia viene indicato dal governo, ma l'istituto di via Nazionale e le persone chiamate a guidarlo hanno generalmente mostrato un'ampia attitudine all'indipendenza e all'autonomia.

La Rai ha avuto tanti tipi di consiglio di amministrazione, tanti tipi di consiglieri: nella Prima Repubblica erano 16, tutti espressamente «politici», poi vennero i professori (super esperti teoricamente impermeabili alla politica), poi arrivarono gli intellettuali, quindi i professionisti «di area». La Rai non ha mai sciolto il cordone (soffocante) che la lega alla politica. Il problema non è solo *chi* si nomina, il problema è anche *perché* si nomina. Che compiti hanno gli amministratori della Rai? Cosa vogliono dall'azienda? Cosa storicamente hanno voluto dall'azienda?

Al di là dei singoli nomi degli amministratori indicati, vengono destinati ai posti di comando professionisti che fungono da *trait d'union* con le forze politiche di appartenenza. Queste ultime, in genere, come non hanno la forza di applicare un piano a lungo termine per il Paese, non hanno la forza (e spesso neanche la volontà) di applicare un piano a lungo termine nemmeno per l'azienda. In questo quadro la politica invece di impostare un piano generale di indirizzo, cerca di accaparrarsi il maggiore vantaggio immediato, inserendo uomini fidati nei gangli vitali del sistema e illudendosi che questo garantisca il controllo della produzione culturale dell'azienda. In fondo, dal loro punto di vista, la Rai è solo l'azienda che ha il compito di raccontare il mondo agli elettori.

L'editore è, in realtà, debolissimo. Non può «volare alto», perché rischia il posto in continuazione, la sua sedia è sempre traballante come traballanti sono gli umori della politica italiana, e non può contare su quel margine di tranquillità necessario a integrarsi e fare propria l'azienda. Così è il nuovo editore, appena arrivato, a doversi accreditare verso gli uomini e i professionisti che vivono l'azienda da sempre, che la conoscono e controllano.

Ecco perché anche in Rai a comandare sono sempre le stesse persone. La coalizione politica vincente in genere si affida alla rete che a lei faceva capo prima che perdesse le elezioni; il vertice politico ripesca e si affida alla struttura aziendale che ha aspettato che passasse la buriana relegata in qualche ufficio di confine. D'altronde il più delle volte chi innova se ne pente: la Rai è un'azienda talmente atipica che si impara a gestirla solo dopo anni, lustri, decenni passati lì dentro. Accade spesso che, a metà legislatura, dirigenti neofiti siano costretti a gettare la spugna, e lascino il posto a manager ottuagenari che riescono a mandare in porto la nave di viale Mazzini.

E in Rai si trova pure chi, di questa peculiarità, va orgoglioso.

Lo schema che soffoca la Rai è quindi né più né meno lo stesso che soffoca il Paese: il potere che si sente debole diventa arrogante, e perde di vista l'orizzonte di lungo termine, accontentandosi di gestire il breve.

Naturalmente, in queste condizioni, il rischio è che anche qui si imponga il modello per cui si fa carriera per pazienza e cooptazione: durante il periodo in cui cadono in disgrazia, infatti, le reti perdono in genere i componenti migliori, che vanno a lavorare all'esterno dell'azienda o riescono a separare il loro destino da quello degli altri appartenenti alla cordata. In questi momenti di crisi le reti (a chiusura stagna nei momenti «di buona») si aprono, fanno entrare nuovi professionisti, attirano nella grande famiglia giovani promettenti che poi però vengono spesso abbandonati a vittoria ottenuta, quando si tratta di ridistribuire i posti conquistati. Posti che, come abbiamo detto, sono gestibili solo da mani super esperte.

Questo è lo schema di massima con cui funziona un'azienda ossessionata dal potere politico, uno schema che, come tutti gli schemi, non è però a tenuta stagna: questo è il modello che la mala-politica tiene in vita dentro l'azienda, ma se la mala-politica fa le pentole non è detto che riesca sempre a fare i coperchi. Spazio, per chi vuole muoversi con rigore e onestà, ce n'è in abbondanza anche dentro la Rai, come nel Paese tutto. Basta non mollare mai.

Contro le semplificazioni

Durante l'ultima estate ero riuscito a convincere un collega di cui ho grande stima a collaborare a *Ballarò*. A settembre, quando era arrivato il momento di firmare il contratto di collaborazione, questo collega mi ha telefonato e mi ha detto: «Scusami, ma non ce la faccio. Con il clima che c'è in giro» ha spiegato, riferendosi al successo della *Casta*, alle piazze di Grillo, ai servizi dell'«Espresso» sui privilegi di politici e giornalisti «non vorrei finire nel mirino di qualche collega». *Ballarò* gli offriva una collaborazione alla luce del sole, avrebbe firmato la trasmissione, sarebbe stato pagato con fattura: tutto sarebbe stato regolare. Eppure il collega aveva timore che la collaborazione con la Rai lo avrebbe trasportato immediatamente sulla lista di Beppe Grillo, o in un articolo dell'«Espresso», o in un servizio di *Report*. Si sarebbe potuto trovare a scrivere di viale Mazzini, magari, e qualcuno lo avrebbe potuto fare secco, sventolando al mondo il suo contratto di collaborazione. Sarebbe potuto succedere, certo, ma qualcuno potrebbe ricordargli anche che il suo editore ha espliciti interessi economico-politici, e che ogni volta che firma un pezzo si mette a rischio di una qualsiasi interpretazione malevola. La Rai, però, quanto a cattiva immagine non si batte e, deve aver pensato il mio collega, «meglio tenersene lontani».

Sono convinto che la correttezza di un giornalista sia dettata solo dal suo rigore e dalla sua deontologia, e so per esperienza che è impossibile difendersi dalle malelingue se non con l'assoluta serenità della propria coscienza. Ma è difficile trovare una logica nei luoghi comuni.

Prendiamo la storia dei raccomandati. È innegabile, certo, che la Rai è da sempre uno dei tanti posti di lavoro in cui i raccomandati dei politici o i figli dei potenti hanno avuto l'opportunità di farsi valere. Questo fenomeno è naturalmente legato alla prossimità che sconta l'azienda con il potere politico, e con i poteri in genere. Lo stesso fenomeno (innegabile anche questo) si verifica più o meno in tutte le testate, basti leggere le firme di un tg Mediaset.

Per quanto riguarda la mia esperienza, mi è capitato di lavorare con colleghi bravissimi che sono figli di giornalisti, e con colleghi meno bravi che vengono dal nulla. E, naturalmente, viceversa. Ho incontrato incompetenti che si sono fatti da soli e fuoriclasse che sono stati aiutati da qualcuno o che, figli di professionisti, si sono impegnati duramente per riuscire nel loro lavoro a differenza di colleghi che non vantavano autorevoli discendenze.

Ma sono in genere le semplificazioni che non funzionano, che non spiegano la realtà, che ingannano: ho conosciuto colleghi «duri e puri» che si sono messi a capo di ogni rivoluzione morale che scuote il Paese dopo essere entrati in Rai grazie agli uffici del partito, ma ho anche visto politici furbissimi infilare la testa dentro fogne che si erano portati da casa pur di strappare un paio di giorni di attenzione da giornali e colleghi. Ho conosciuto figli di politici ed ex portaborse comportarsi rettamente, e vincitori di concorso vendersi al politico di turno per fare uno scatto di carriera.

Questo è quello che ho visto in Rai. Fuori dalla Rai ho visto anche di peggio. Ho sentito esaltare il rigore anglosassone di colleghi di cui poi si è scoperto che se la facevano con i servizi segreti, mi son beccato critiche feroci da grandi firme che volevano solo vendicarsi per un mancato invito in tv.

Ma l'ipocrisia e la scorrettezza non sono esclusiva dei giornalisti, né dei giornalisti Rai, né dei figli di papà: sono una costante in tutti i luoghi di lavoro, in tutti gli ambiti sociali.

Personalmente ho 40 anni, lavoro in Rai da meno di dieci, sono stato corrispondente dagli Stati Uniti e dal 2002 conduco una trasmissione di approfondimento politico. La mia professione mi ha fatto vivere esperienze che considero importantissime. Ero a New York l'11 settembre del 2001. Ho festeggiato a Bruxelles la nascita dell'euro, sono stato inviato a Genova per il G8, nell'ex Unione Sovietica per documentare la stentata rinascita economica degli ex Stati satelliti. Ho visto i carri armati per le strade di Jaqarta, gli Hezbollah armarsi per le vie di Beirut, gli impiegati delle banche giapponesi piangere davanti al crollo del sistema creditizio, gli imprenditori di Macao leccarsi i baffi all'idea di mettere le mani sugli affari di Hong Kong. Sono figlio di un funzionario di banca e di un'insegnante, non ho tessere politiche né debiti da saldare. Mi considero fortunato perché ho incontrato chi ha deciso di puntare su un giovane senza grossa esperienza, e perché ho lavorato con colleghi generosi, con i quali ho digerito sfide teoricamente indigeribili. Può sembrare assurdo, ma probabilmente nessun'altra azienda mi avrebbe dato le opportunità di carriera che mi ha dato la Rai. Proprio la Rai, l'azienda dei raccomandati per antonomasia. A stupirti sono sempre le situazioni che meno ti aspetti.

La semplificazione vuole che i giornalisti Rai siano tutti dei venduti, e che la vera stampa libera sia quella che opera fuori, fuori dal cono d'ombra del potere: in realtà noi della Rai non abbiamo un padrone. Qualcuno di noi sceglie di averlo, ma noi, istituzionalmente non lo abbiamo. Tutti gli altri colleghi, invece, lo hanno: magari illuminato, magari liberale, ma lo hanno.

Anche l'idea che il giornalista Rai abbia iniziato la carriera grazie all'aiuto di qualche politico è un luogo comune smentito nella ormai quasi maggioranza dei casi, dato che siamo in tantissimi a essere entrati per concorso. Parleremo successivamente di quanto un concorso sia inadeguato a garantire l'idoneità di un candidato al posto per il quale concorre, e parleremo anche di quanto sia facilmente «truccabile». Resta però il fatto che, oggi come oggi, in Rai di regola si entra per concorso, mentre in tutte le altre testate d'Italia si entra per chiamata diretta.

Mediaset e gli altri

Non so come funzionino le cose in Mediaset, di certo ricordo quello che fece il proprietario di Mediaset quando vinse le elezioni e riuscì a occuparsi anche della Rai. Non si comportò in maniera diversa da chi lo aveva preceduto, anzi: riuscì a mostrarsi più determinato di tanti suoi colleghi chiedendo esplicitamente (e ottenendo) che venissero allontanati dal video i giornalisti che non gli piacevano (come dicevamo, però, il potere ha le sue falle, e di una di queste abbiamo avuto la fortuna di usufruire anche noi di *Ballarò*). Gli elenchi di «figli di papà» che saltuariamente (e inutilmente) vengono rilanciati da chi denuncia il nepotismo in tv e chiede giustizia sommaria delle tante, diverse storie di fortunate discendenze sono elenchi che riguardano tanto i giornalisti Rai quanto quelli Mediaset. Politici e giornalisti continuano a essere all'origine dei successi di politici e giornalisti, dovunque essi lavorino, così come alle spalle di un notaio o di un farmacista c'è sempre un babbo notaio o una mamma farmacista. Scopriremo che la cura al mal di merito è una e una sola, per tutto il Paese.

La Rai soffre il male di cui soffre l'Italia, e non può che rispecchiarne (il più delle volte, a dir la verità, amplificandoli) i difetti. Mediaset è l'altra metà del cielo, e un cielo diviso in due sole parti non può garantire pari opportunità a tutti i cittadini. Sino a che il mondo dei media sarà costretto da un soffocante duopolio saranno pochi i tg, poche le trasmissioni informative, pochi i posti di lavoro in palio; e quando i posti di lavoro sono pochi se li prendono sempre i più forti, con buona pace dei meritevoli. In Italia gli editori televisivi sono due, forse tre, al massimo quattro. I potenziali direttori, invece, o i potenziali conduttori di talk show, sono tantissimi: qualsiasi dipendente può essere sostituito, e mentre in un mercato sviluppato un editore coglierebbe al volo l'occasione di assumere un professionista valido cacciato da un concorrente, in un oligopolio come quello italiano basta un accordo di cartello per cancellare una professionalità dal panorama informativo. Il mercato poco sviluppato aumenta a dismisura il potere degli oligopolisti: il duopolio, poi, rende gli editori veri e propri sovrani.

L'élite condannata

I giornalisti sono indubbiamente un caso di estrema autoreferenzialità: si frequentano tra di loro, si sposano tra di loro, divorziano tra di loro, parlano solo di loro stessi e considerano uno sfigato chi giornalista non è (cioè il mondo intero). In effetti anche il gruppo che dovrebbe essere il più aperto di tutti per sondare, annusare, prevedere e anticipare i cambiamenti della società, rischia di chiudersi ermeticamente. Da avanguardia a setta.

Perché in Italia non invecchiano nell'autoreferenzialità

solo politica ed economia. Nella penisola si chiude ogni sfera di potere: culturale, professionale, politica, imprenditoriale. In ogni cerchia di 5 «potenti», testimoniano gli studi del professor Carboni,[1] solo 1 ha meno di 50 anni, mentre 2 ne hanno più di 65. Gli altri 2, va da sé, hanno tra i 50 e i 65 anni. Nel 1990 l'età media delle nostre élite (tutte le élite, dai politici ai manager, dai professori ai giornalisti, dai professionisti in genere agli imprenditori...) era di 56 anni, mentre nel 2004 era salita a 61. Quella che invecchia più velocemente delle altre è l'élite culturale: in Italia l'età media di quelli che pensano e studiano è di 66 anni. Alla faccia delle idee nuove!

Anche i nostri *opinion makers* (analisti, giornalisti, esperti, tecnici...) sono anziani. Sempre l'implacabile analisi di Carboni[2] ci dice che l'età media degli *opinion leaders* della carta stampata e delle tv è di 61 anni, mentre il tasso di ricambio è tra i più bassi (27 per cento) e quindi tra i più alti quello di permanenza (73 per cento).

Una volta entrato nel giro non ne esci più, e se si libera una casella (una direzione di testata, una conduzione televisiva) il tutto si risolverà con un gran giro di poltrone che presumibilmente farà sedere chi è già seduto. Gli editori italiani non amano rischiare, non scandagliano il mercato in cerca di nuove firme, non amano cambiare la guida del giornale se non per andare su nomi più che sicuri: una volta che si è trovato un direttore bravo, non lo si molla più. Il direttore del Tg5 era in precedenza direttore del Tg2 e del Tg1, mentre il direttore del Tg5 che gli ha lasciato il posto era stato direttore della «Stampa», di «Panorama» e del Tg1. L'attuale direttore di «Panorama» era in precedenza direttore del «Giornale», ed ha preso il posto di chi era stato in precedenza direttore del «Messaggero», mentre il direttore (e fondatore) di «Libero» era stato direttore a sua volta del «Giornale», come il direttore (e fondatore) del

«Foglio» era già stato direttore di «Panorama». L'attuale direttore del «Sole-24 Ore» era stato il direttore del «Corriere della Sera», l'attuale direttore del «Corriere della Sera» era già stato in precedenza direttore dello stesso giornale, oltre che della «Stampa». Il direttore della «Repubblica» era stato direttore della «Stampa», l'attuale direttore della «Stampa» era in precedenza direttore dell'Ansa e dell'«Espresso». Nemmeno i giornali più piccoli sperimentano: persino il direttore di «Italia Oggi» è già stato direttore del «Tempo». Gli editori italiani non sembrano davvero essere dei cuor di leone.

Quella dell'informazione è l'élite delle élite: non solo i giornalisti sono pochi, ma quelli che contano sono ancora di meno. In teoria, quindi, hanno un grandissimo potere tra le mani: ma lo hanno davvero? Non lo pensa il pubblico, che non sembra avere una grandissima opinione degli operatori dei media.

Giornali e tv si rivolgono ormai, per quanto riguarda l'informazione, a un target estremamente mirato di addetti ai lavori: «Solo così» spiega Carboni «riusciamo a spiegarci perché le prime pagine dei quotidiani sono zeppe di capricci della politica, nonostante oltre i due terzi degli italiani se ne dichiarino tutti disinteressati, mentre i politici si azzuffano per apparire in un titolo anche di quotidiani a tiratura limitata, ma di prestigio, come il "Riformista" o "Il Foglio"».[3]

Al di là del degrado meritoriamente testimoniato dall'inchiesta di Rizzo e Stella nella *Casta*,[4] la politica si è allontanata dai cittadini anche per una semplice ragione di linguaggio. Essendo appannaggio eterno di poche persone, sempre le stesse, la politica si è costruita a poco a poco un mondo fatto di propri riti, proprie regole, di proprie ragioni e propri torti. Non capisce il mondo esterno, e da questo non si fa capire. Gli editoriali sui giornali, i dibattiti dei convegni, i saggi pubblicati e i confronti in tv diventano il centro di un mondo virtuale i cui partecipanti si inseguono, si corteggiano, si confrontano su temi assolutamente inesistenti per la maggioranza degli italiani, ma vitali ed essenziali per gli iscritti a questa *second life* del potere. All'interno di questo spicchio di società lo stile tende a omogeneizzarsi, il linguaggio si allontana cronicamente dal vivere civile. La politica si nutre di informazioni su se stessa (*gossip* compreso, a volte *gossip* e basta), e cerca il contatto con il mondo esterno attraverso la tv, in trasmissioni *popolari*, nelle quali i protagonisti della vita pubblica cercano di simpatizzare con il resto del mondo ballando, cantando, emozionandosi, rovesciando il loro ruolo istituzionale. Viceversa, se vogliono rivestire i panni del politico, pensano di accrescere la propria autorevolezza in dibattiti d'élite, in ermetiche trasmissioni riservate a un pubblico di nicchia: si può discettare di filosofia su La7 e prendere in faccia torte alla panna su Canale 5, si sarà visti, giudicati e conosciuti da due realtà completamente diverse. I due mondi non si toccano, sono assolutamente impermeabili.

Opinion makers e politici: pochi gli uni, pochi gli altri, si annusano, si sposano tra di loro come una volta i nobili tra consanguinei; e come i nobili si indeboliscono, crescono stortignaccoli, ed espongono il collo alla spada di capipopolo sempre più numerosi e sempre più ascoltati.

L'insoddisfazione crescente verso il lavoro svolto da politici e giornalisti, il distacco dell'opinione pubblica dal *mondo di chi comanda* non tarda infatti a essere interpretato e gestito da professionisti del malcontento, che si ergono a guardiani assoluti del bene e del male. Il rischio è che i giornalisti (e con loro i politici) si dividano in due razze ben distinte, che danno linfa vitale l'una all'altra: chi difende a tutti i costi il sistema e chi lo accusa rabbiosamente. Pronti a tutto, professionisti della difesa e professionisti dell'accusa si affrontano in nuovi dibattiti, scrivono nuovi editoriali, producono nuovi saggi, realizzano nuovi reportage, dando benzina a un motore che, alla lunga, stritola il Paese nella morsa tra *estremamente puri* e *orgogliosamente impuri*. O, almeno, prova a stritolarlo. Noi, ad esempio, continuiamo a opporci: proviamo a evitare che il dibattito politico e intellettuale sia ridotto a un *B movie* americano.

5
I cervelloni

Un hawaiano fuori luogo

Ricordo che un ex presidente del Consiglio, al ritorno da un viaggio negli Stati Uniti, raccontò di essere stato accompagnato in visita a una delle più importanti università americane. Nell'atrio, una foto riproduceva un gruppo di giovani allegri e sorridenti. «Simpatici» disse il premier al suo accompagnatore. «Cos'è, la rock band dell'istituto?» «No» rispose l'altro stupito «è il nostro corpo docente.»

Un paio d'anni fa, naturalmente un martedì sera, stavo conducendo una delle puntate che *Ballarò* dedicò al referendum sulla procreazione assistita. Erano da poco passate le 22:00 quando, mentre gli ospiti politici proponevano le loro opposte visioni sul referendum, apparve sul videowall una fantastica camicia hawaiana, rossa e sgargiante. La indossava un tipo coi capelli un po' lunghi, il pizzetto, lo sguardo svagato e sorridente di chi arriva direttamente dalla spiaggia. In mano teneva una lattina di Pepsi, alle sue spalle il vento scuoteva le palme del lungomare di Miami. Buttato su una sedia aspettava il proprio turno di parola, e dal monitor guardava incuriosito gli ospiti in studio. Questi, che discutevano animatamente, appena videro comparire un'immagine così dissonante sul megaschermo si interruppero, come basiti. «E questo chi è?» fece uno di loro, e gli altri, tutti insieme, pubblico compreso, scoppiarono a ridere. Bene: «questo» era (ed è) uno dei maggiori esperti mondiali in materia di cellule staminali embrionali.

Tiziano Barberi, nato a Roma, quarantatreenne, è biologo. Dieci anni fa si è trasferito in America, e lì ha scoperto il modo di operare il *differenziamento selettivo delle cellule staminali*, una scoperta così importante da imporlo all'attenzione della comunità scientifica internazionale. Studia le patologie del sangue e con i suoi metodi si sono raggiunti importanti risultati nella lotta, ad esempio, del morbo di Parkinson.

In uno studio televisivo in cui si alternano politici e accademici lui con le sue collanine etniche era davvero un corpo estraneo: da noi i luminari hanno la barba bianca, un comportamento ben più compìto e sobrio, e soprattutto hanno tantissimo tempo per prepararsi e scegliere le cravatte, quando devono andare in televisione. Serio e preparato, Barberi esponeva le sue ragioni in maniera pacata e convincente. Mentre il Paese che non aveva saputo sfruttare le sue capacità non solo lo aveva costretto a emigrare, ma gli aveva pure riso in faccia appena si era fatto rivedere.

«Avevo anche provato a fare qualcosa in Italia» ci racconta oggi, a due anni dalla sua apparizione televisiva «ma era impossibile. Ti dicevano: vieni per un po' a lavorare gratis, poi proveremo a trovarti un posto. C'è un tipo prima di te, ma poi subito dopo averlo piazzato sistemiamo te... Una gerarchia infinita, di tipo militare, dove tutti dicono signorsì aspettando che arrivi il proprio turno, aspettando di avere finalmente qualcuno su cui comandare. Io non ho voluto aspettare il mio turno, e sono partito. La cosa divertente è che la figura del "ricercatore" dovrebbe essere l'inizio di una carriera, mentre in Italia è quasi il punto di arrivo: si diventa ricercatori anche dopo dieci anni di tirocinio, e una volta entrato all'università, tiri un sospiro di sollievo e ti accasci. Assurdo. In America devi dimostrare sempre, continuamente, di meritarti i (tanti) soldi che i finanziatori ti mettono in mano. Te li danno, ti salutano dicendoti "ci vediamo fra tre o cinque anni", ma quando tornano, se non hai combinato niente, ti tolgono i soldi e arrivederci! Se sei bravo e lo dimostri, più pubblichi e più soldi riesci a ottenere, più puoi far crescere il tuo laboratorio, far lavorare gente brava e attuare una ricerca migliore (e ovviamente insegnare). Il posto, però, te lo devi meritare giorno per giorno. Sia chiaro, non è un sistema perfetto, sei sempre sotto pressione e vivi nell'ansia, ma sono convinto che è il metodo che funziona meglio. Se penso al sistema italiano... In Italia, almeno credo, diventare professore è questione di anzianità... O sbaglio?» Non sbagli, Barberi, non sbagli.

Il «culo» di Picano

Si chiama *impact factor*, è un indice molto importante nell'ambito della ricerca scientifica. Misura la frequenza con cui le pubblicazioni di un ricercatore, oppure gli articoli di una determinata rivista, sono stati citati mediamente in un anno. L'*impact factor* è quindi utile per fare delle comparazioni, ad esempio, tra più studiosi aspiranti allo stesso incarico. Più alto è il «punteggio» di un candidato, maggiore l'utilizzo che la comunità scientifica internazionale ha fatto dei suoi lavori.

Eugenio Picano poteva contare su un *impact factor* superiore a quello di tutti gli altri candidati, e questo quasi quasi rischiava di fargli vincere il posto da cardiologo a Pisa. Poi il pericolo fu sventato con un'abile manovra del presidente della commissione d'esame.

Quarantanove anni, laureato in Medicina e Chirurgia,

post-laurea al Sant'Anna di Pisa, specializzato in Cardiologia, dottore di ricerca in Fisiopatologia cardiovascolare, primo ricercatore medico e direttore del laboratorio di Ecocardiografia dell'Istituto di Fisiologia clinica del Cnr di Pisa, Eugenio Picano concorreva, come dicevamo, per un posto da cardiologo a Pisa.

Nel suo curriculum figurano due brevetti, uno internazionale (su un nuovo pacemaker cardiaco) e uno nazionale. È riconosciuto in campo internazionale come un pioniere della *biopsia ultrasonora non distruttiva della placca aterosclerotica*, *dell'ecostress per la diagnosi non invasiva della coronaropatia*, e della *valutazione di rischio-beneficio della diagnostica per immagini*.

«Eravamo in dieci» racconta.[1] «Al concorso arrivammo in cinque perché gli altri si erano ritirati: avevano fatto capire loro che era meglio così...» Il posto era evidentemente pre-assegnato, e già si sapeva chi lo avrebbe dovuto vincere: gli iscritti in eccesso preferirono ritirarsi, dal momento che fu loro fatto capire che prima o poi (se avessero dimostrato di saper stare alle regole) sarebbe arrivato anche il loro turno.

Ma torniamo al racconto di Picano: «C'è un familismo amorale molto diffuso, e un meccanismo ormai collaudato con cui pilotare i concorsi. Quanto a certi baroni, si sentono così potenti che hanno la sindrome di Caligola, visto che sono saliti in cattedra loro pensano di poter nominare anche il loro cavallo. Ci sono commissari che non hanno mai prodotto un lavoro in tutta la loro vita e che hanno zero di *impact factor*. L'università è malata di un sistema gerontocratico e nepotistico, dietro il quale ci sono interessi economici. Ecco perché Medicina è una delle facoltà in cui il fenomeno è più evidente».

Ma come si fa a far perdere il concorso a chi lo può vincere? Non è semplice, ma se si è dei bravi «baroni» ci si può riuscire.

SE TELEFONANDO

Un professore della commissione che giudicherà Picano, angustiato dalla bravura del candidato fuori cordata, spiega a un'amica: «È brutto, perché poi siamo in battaglia, diciamo che il nostro membro interno della facoltà vuole portare uno. Noi dobbiamo fregarglielo! E ha 600 punti di *impact factor* mentre i più bravi degli altri ne hanno 120!».

Lei: «Ma è un uomo o una donna?».

Lui: «Uomo, uomo, e abbastanza antipatico per fortuna! Il membro interno è il professore del... quindi saremo quattro contro uno, ma siccome gli facciamo fuori un posto, in casa sua, chissà che casino combinerà... Stiamo bocciando il candidato loro, che è il più bravo... Abbiamo fatto una battaglia terribile... proprio mafia e contromafia». Risata. E ancora: «Ma in questi casi del cacchio mi ci trovo sempre io!».

Lei: «Ma perché ti ci trovi sempre tu?».

Lui: «Eh perché siccome devo fare il famoso concorso per la famosa signorinella nostra! – che siccome il nostro amico qua deve finire commissario da noi, io ho dovuto rendergli il favore». [...]

Ma poi tutto si risolve, e in una nuova chiamata alla sua amica il professore spiega: «[...] Eh, fare giudizi in modo tale da fregare tutti, tranne uno o due, non è facile...». Poi aggiunge: «Non è neanche bello dover fare 'ste cose... ma è per tenere contento M. il quale sta in commissione con me a Bari... [...]».

Passano due giorni, stavolta il professore parla con un collega, un docente di Pisa: «L'abbiamo fregato, abbiamo fregato Picano sulla lezione [...] Aspetta, perché lui ha avuto sorteggiata la vasomotricità coronaria».

L'interlocutore: «Culo!».

Lui: «Quindi il campo è suo! Ma ho iniziato il commento dicendo "lei ha svolto una relazione estremamente approfondita, tecnica... con eccesso anche di citazioni... Più adatta a un uditorio di eruditi che a studenti del terzo anno di medicina". Così, l'ho fregato!».

La doppia vita di Pier Francesco Moretti

Pier Francesco Moretti ha 39 anni e due vite: una da esportazione, una per il mercato interno. Per gli americani è un professore universitario, ricercatore di successo, per gli italiani è un insegnante di Istituto Tecnico che deve smetterla di creare problemi.

Pier Francesco è laureato in fisica, e ha vinto due dottorati: il primo in Austria, l'altro a Napoli, e ha scelto quest'ultimo. Certo, ogni anno, per due o tre mesi, si trasferisce all'Università delle Hawaii, e lì insegna la sua materia. Dall'Italia, invece, non lo chiama mai nessuno: ha due dottorati, un post-dottorato, oltre 50 pubblicazioni internazionali ma non riesce a vincere un concorso. In base ai curricula presentati è sempre il primo, forse il secondo, ma non vince mai. È stato bocciato in un concorso a Napoli dove aveva più pubblicazioni persino dei membri della commissione; in un altro concorso ha vinto uno che era stato ammesso come centottantesimo: lui era ventiseiesimo e non ce l'ha fatta. Casualmente quello che ha vinto lavorava con uno dei membri della commissione.

Morale della favola: in America viene invitato come *Associate professor*, qui non è neanche ricercatore. E allora, dovendo guadagnare per vivere, ha partecipato a un concorso per professore di ruolo alla scuola secondaria, vincendolo. Prof di giorno, ricercatore di sera, insegna la mattina in un Istituto Tecnico e fa ricerca il pomeriggio. A casa.

Ha acquistato un frammento di meteorite su eBay, lo ha dissezionato in cucina, lo ha esaminato in salotto e ha pubblicato i risultati del suo lavoro su un autorevole periodico accademico internazionale. Quando pubblica gli articoli sulle riviste scientifiche si firma con il nome della scuola, che è un Istituto Tecnico e ha quindi un acronimo, del genere Itc. I colleghi americani che volevano dei chiarimenti su una sua pubblicazione non riuscivano a contattarlo, perché pensavano che Itc fosse una multinazionale, e non trovavano i recapiti.

Tempo fa Pier Francesco Moretti è stato contattato da una rivista inglese che sta conducendo un'inchiesta sui ricercatori all'avanguardia. Quando ha spiegato all'intervistatore che lavorava in una scuola non volevano crederci: pensavano fosse un anziano e bizzarro barone che dopo una vita all'università aveva deciso di dedicarsi ai più giovani, rinunciando a stipendio e fama. In effetti a stipendio e fama sembra aver rinunciato, e ai giovani si dedica, ma non è stata una sua scelta. E, soprattutto, barone spera di non diventarlo mai.

A volte ritornano. Ma ripartono

Prendiamo Giorgio Giachetti, fiorentino di 32 anni: nove anni fa si laurea in Scienze naturali con 110 e lode; vince due borse di studio, si specializza con il massimo dei voti in Scienze e tecniche delle piante officinali. Ottiene un dottorato di ricerca e produce una decina di pubblicazioni internazionali, si specializza in *botanica farmaceutica e decontaminazione del terreno mediante l'utilizzo di piante con effetto spugna*. Oggi fa l'istruttore di scuola guida, grazie a un contratto a progetto.

Prendiamo Patrizia De Pasquale. Fallisce l'azienda in cui lavora, e lei manda il suo curriculum in giro. Un giorno le squilla il cellulare. Una ragazza, molto cortese, le comunica la buona notizia: il call center a nome del quale sta chiamando, è felice di comunicarle l'assunzione, in qualità di operatrice. Patrizia ci pensa un attimo e poi sbotta: «Ma vaffanculo!». De Pasquale è ingegnere, ha 32 anni, ha frequentato un master in *Business Strategy* e, soprattutto, i call center li progetta. Patrizia il lavoro ancora non l'ha trovato. Ha spedito 8000 curricula in tre anni, le hanno risposto tre aziende, ha aperto un sito internet di consulenza, ma di andare a lavorare come operatrice a 600 o 700 euro al mese non se la sente proprio.

Prendiamo Tommaso Gori, che era un ricercatore dell'Università di Toronto. Ora si trova in Italia, ma prepara le valigie per tornare all'estero. Nel 2001 il governo offrì ai cervelli italiani fuggiti all'estero una sorta di contratto quadriennale presso le università italiane, dando poi a quest'ultime la possibilità di assorbire nel corpo docente (per il 95 per cento a spese dello Stato) i ricercatori rientrati. Era un progetto nato per far rientrare in Italia i cosiddetti «cervelli in fuga», e fino a che si è trattato di ospitare dei ricercatori «stranieri» tutto ha funzionato a dovere. Quando però è stato il momento di far diventare professori gli oriundi, il meccanismo si è inceppato, perché è entrato in collisione con gli interessi dei baroni che le cattedre intendono gestirle direttamente. Molte università, (e tra queste l'istituto che aveva fatto tornare in patria Gori) allo scadere dei quattro anni concordati rifiutano di stabilizzare nel corpo docente questi cervelli strappati alla concorrenza straniera: il loro stipendio verrebbe pagato direttamente dallo Stato (anche se i fondi, denunciano le università in questione per difendersi, stentano a arrivare...), ma i posti da docenti sono tutti già prenotati, probabilmente perché tutti già promessi agli amici degli amici. Su 466 ricercatori rientrati ne sono stati «assorbiti» circa 40: neanche il 10 per cento. Li abbiamo fatti fuggire, poi li abbiamo richiamati in Italia, adesso non sappiamo che farcene.

Tutti quelli che abbiamo raccontato non sono casi umani, sono gli esempi di un immenso spreco di risorse che un Paese pigro e indolente non può permettersi, ma che proprio non riesce a evitare.

Nonno barone

Il dibattito politico italiano è da un paio di decenni imballato sulla questione delle pensioni. Gli organismi internazionali spingono l'Italia a innalzare l'età pensionabile dei lavoratori, mentre le organizzazioni sindacali cercano di resistere ai tentativi di riforma. I lavoratori non ne vogliono sapere di restare al loro posto oltre una certa età: tutti, o quasi tutti. Esiste una categoria, in Italia, che da quasi un secolo lotta per non mollare mai il proprio posto di lavoro: lo Stato cerca di mandarli a casa a riposare, loro ingaggiano una dura battaglia con la politica pur di restare in servizio il più a lungo possibile.

Sono i professori universitari.

Due giovani fisici, Francesco Sylos Labini e Stefano Zapperi,[2] hanno ricostruito la storia legislativa dell'età di pensionamento dei prof: sappiamo che in media gli italiani lasciano il lavoro (per raggiunti limiti di età) al compimento dei 65 anni. Il Regio decreto 1592/1933 fissa l'età pensionabile dei professori universitari a 75 anni. Nel dopoguerra la regola viene lievemente modificata e la legge 498/1950 introduce la collocazione fuori ruolo a 70 anni, e la pensione definitiva a 75. Nel 1980 un'ardita manovra giovanilista abbassa l'età di collocamento fuori ruolo a 65 anni e quella della pensione a 70. Uno shock per il corpo docente italiano che, avendo una certa età, certi colpi non li può reggere. La legge 230/1990 ristabilisce la normativa precedente, definendo «opzionale» il collocamento fuori ruolo a 65 anni. Come se ciò non bastasse, con il decreto legge 503/1992 si permette ai dipendenti dello Stato di rimanere in servizio per un ulteriore biennio oltre il limite di età, innalzando quindi l'età di permanenza in ruolo dei professori sino a 72 anni. Infine, la riforma Moratti (203/2005) abolisce la permanenza fuori ruolo e fissa a 70 anni l'età della pensione (ma la norma si applicherà solo ai nuovi assunti).

Sempre Sylos Labini e Zapperi[3] evidenziano come «l'Italia sia tra i Paesi con il più alto numero di docenti ultracinquantenni (42 per cento) pari solo a quello del Giappone e della Francia, mentre in Spagna e in Germania questa percentuale scende a circa il 27 per cento. La percentuale di docenti ultrasessantenni raggiunge in Italia il 22,5 per cento, mentre è il 13,3 in Francia e l'8 per cento nel Regno Unito. La percentuale di docenti d'età inferiore a 35 anni è del 4,6 per cento in Italia, contro il 16 per cento nel Regno Unito e l'11,6 per cento in Francia. Se consideriamo invece solo i professori ordinari vediamo che in Italia il 40 per cento di questi ha più di 60 anni e l'80 per cento più di 50: in Francia queste percentuali sono rispettivamente del 20 e del 65 per cento. Ricordiamo che in Francia e Regno Unito, così come nella maggioranza dei Paesi europei, i professori universitari vanno in pensione a 65 anni. Pensate infine che negli Stati Uniti dal 1994 non esiste più un limite obbligatorio per l'età pensionabile: ciononostante, la percentuale di docenti con meno di 35 anni è del 7,3 per cento (contro il 4,6 dell'Italia) e quella degli ultrasessantacinquenni è del 5,4 per cento (contro il 10 dell'Italia)».

Il professore italiano è più in forma degli altri? A cosa si deve tanta longevità? In fondo fare il prof non deve essere semplice: lezioni di continuo, aggiornamento, tesi da seguire, ricerche da coordinare e articoli da pubblicare senza sosta, altrimenti la comunità internazionale ti taglia fuori. Non deve essere facile fare il professore, a meno che non si trovi qualcuno (magari più giovane) che tutte queste cose le fa per te...

Una visita al Policlinico

Una passeggiata per i corridoi di uno dei policlinici romani può aiutare a capire con quali criteri si selezionano, in Italia, le élite che dovrebbero trainare il resto del Paese. L'intera struttura è nelle mani di poche famiglie, e avvalendosi di un'apposita legenda si scopre un esempio di come l'università sia ormai diventata un feudo di poche casate. La legenda ci è fornita dalla «Repubblica», che ha affidato a una sua inviata il difficile lavoro di ricostruzione delle carriere interne a uno dei policlinici romani.[4] Iniziamo da Odontoiatria: due i professori associati, uno è il figlio del direttore generale dello stesso policlinico, l'altro è il figlio del docente di Clinica odontoiatrica, potente direttore del dipartimento in Scienze odontostomatologiche in un'altra università.

Nello stesso corso di laurea troviamo come professore associato di Chirurgia il primario di un altro policlinico, nipote di un autorevole ordinario di Chirurgia. Ordinaria di Medicina è la figlia di un potente palazzinaro romano, anche moglie dell'ordinario di Radiologia, mentre la brillante prof che ha bruciato i colleghi ricercatori riuscendo a diventare ordinario di Odontoiatria in tre anni è la figlia del presidente dei Chirurghi italiani oltre che moglie del professore ordinario di Cardiochirurgia.

In un altro dipartimento vive un'intera famiglia. Il professore ordinario a Otorinolaringoiatria può contare sull'aiuto del figlio maggiore, associato a Otorinolaringoiatria, e di quello minore, a Odontoiatria. Così il professore associato di Medicina interna è il figlio del professore ordinario di Biochimica, mentre il professore associato di Urologia è il figlio dell'ordinario di Biochimica, rettore di un'università. A raccontare le gesta del corpo docente di questo policlinico sembra di ascoltare quei racconti che facevano le vecchie zie dei paesi: tutti sono parenti di tutti, di ognuno si sa chi ha sposato e quanti figli ha avuto.

Ma il problema non è tanto questo o quel policlinico, il problema è il mondo universitario nel suo complesso.

Se cambiamo città, infatti, non cambia il quadro generale.

Se andiamo a Bologna troviamo nel corpo docente dell'università figlio, nuora e suocera del rettore. A Firenze il rettore è ordinario di Economia agraria ed Estimo rurale: suo figlio ha vinto nel 2002 il posto da ricercatore (ma guarda un po'...) di Economia agraria ed Estimo rurale (gli altri tre aspiranti al posto di ricercatore persero la gara ritirandosi prima delle prove). Naturalmente col tempo il rampollo è diventato prof, e ora insegna nell'università di cui il padre è rettore. C'è poi la storia d'amore tra i due docenti compagni nella vita e sul lavoro: lui è stato il presidente delle tre commissioni d'esame che hanno assegnato a lei, in ordine di tempo: 1) l'incarico per il progetto ospedaliero di prevenzione delle infezioni dei neonati, 2) l'incarico da dirigente medico di ruolo, 3) il posto da professore associato di Pediatria generale.

Attenzione a non fare, però, di ogni erba un fascio. In Italia ci sono 60.251 docenti, e non sono tutti parenti di Qualcuno con la q maiuscola. Sono però in molti casi persone che, per avere riconoscimenti al proprio merito, hanno dovuto ingoiare parecchi rospi. Basti pensare a un concorso per la cattedra di Otorinolaringoiatria bandito nel 1988, dichiarato irregolare da almeno 10 sentenze, denunciato da un'infinità di articoli di giornale, quattro libri e una decina di interrogazioni parlamentari: bene, il professore che l'ha vinto insegna tranquillamente Ortorinolaringoiatria, ormai da 18 anni.

Ma la capitale del nepotismo è Bari, senza alcun dubbio: al di là dello scandalo degli esami truccati denunciato di recente, scopriamo che nel capoluogo pugliese il padre professore ha messo a contratto la figlia, senza concorso, nella facoltà di cui è preside; il vecchio professore di Medicina ha presieduto la commissione d'esame che ha promosso il cognato di suo figlio; ben otto professori universitari che insegnano a Economia hanno lo stesso cognome, e non è un caso di omonimia. Alla facoltà di Medicina il padre, eletto preside, ha lasciato al figlio la direzione della scuola di specializzazione: certo, aveva vinto la selezione, ma (guarda un po') era l'unico candidato!

Qualche tempo fa fu il più importante giuslavorista italiano, Gino Giugni, a mettere nero su bianco la denuncia: «Nella mia qualità di collega tra i più anziani» ha scritto su Labourlist, la *mailing list* della categoria «prendo spunto da diversi episodi recenti per manifestare la mia preoccupazione di fronte a quella che mi appare una degenerazione grave nei rapporti interni alla nostra comunità scientifica. I concorsi per diventare professore o ricercatore universitario sono sovente predeterminati secondo logiche non meritocratiche [...]. C'è una gestione combinata nella selezione dei giovani studiosi». Ai concorsi, spiegava Giugni, «partecipano tanti candidati quanti sono i posti in gara perché si sono scoraggiati i migliori dal proporre o mantenere la propria candidatura».[5]

E «scoraggiare» è un eufemismo. Dal caso Picano sono partite una serie di indagini che hanno portato la Guardia di Finanza a scoprire una sorta di «cupola» formata da cardiologi di chiara fama, baroni che pilotavano le carriere di professori e aspiranti tali. Le indagini dei finanzieri hanno portato ad accertare un'infinità di atti illeciti. Basti pensare al modo in cui uno dei baroni «preparava» il concorso del figlio: dalle intercettazioni si ricostruisce dapprima il suo impegno per cercare una commissione favorevole, poi il momento in cui comunica al figlio il tema dell'esame, infine il tentativo di procurargli il testo dell'esame già svolto. Secondo gli atti dell'inchiesta a un candidato che non accettava di ritirarsi venne inviato questo sms: «Il professore ha fatto avere il tuo indirizzo a due mafiosi per farti dare una sonora bastonata». Lezioni di vita.

6
Vizi pubblici

La lotteria a rate

Nell'estate 2007 a Perugia sono state arrestate 12 persone. L'indagine era partita quasi un anno prima, e alla fine aveva provato che i 12 dipendenti dell'ospedale cittadino Santa Maria della Misericordia (medici, docenti, infermieri e personale tecnico amministrativo) si erano allontanati dal luogo di lavoro facendo timbrare a terzi il badge. Un anno di indagini? Ma se succede quotidianamente in tutte le pubbliche amministrazioni italiane! Sia chiaro, il reato di falso in atto pubblico e truffa aggravata è probabilmente ipotizzabile, ma che ufficio è quello in cui alla magistratura tocca svolgere il ruolo che dovrebbe essere del capo del personale? L'intervento dei giudici è l'ennesima riprova che non stiamo parlando di casi sporadici, ma di qualcosa che è diventata un'emergenza sociale.

Ballarò lavora su questi temi da tempo. Ci hanno raccontato di un ente pubblico in cui alcuni uffici chiudono alle 10:30 perché gli addetti staccano per dedicarsi al secondo lavoro, di un'ufficio comunale che ha destinato un dipendente a seguire di nascosto il collega deputato a portare la posta, per controllare che quest'ultimo, appena girato l'angolo della strada, non si liberasse della corrispondenza buttandola nei cassonetti. Alcuni dipendenti di un ufficio regionale timbrano prestissimo la mattina, poi tornano a casa e accompagnano i figli a scuola, salvo ripresentarsi al proprio posto di «lavoro» dopo aver fatto colazione, in modo da essere di nuovo liberi all'ora di pranzo (perché risultano entrati all'alba) e poter andare a riprendere i bambini all'uscita di scuola.

Ci erano stati segnalati poi dipendenti di un ente che assicurano la loro presenza effettiva sino alle 10:00, poi vanno a lavorare da un'altra parte, per poi tornare a timbrare a fine giornata, garantendosi in questo modo anche il diritto agli straordinari. Questa pratica è nota a tutti, per cui l'organizzazione interna dà ormai per scontato che l'ufficio di cui queste persone sono responsabili è aperto sino alle 9:30. Ricordo di un pubblico dipendente che aveva lavorato sempre pochissimo, uscendo sempre troppo presto: lo obbligarono a recuperare, fermandosi di più al lavoro, ma se in quell'orario gli chiedevi un aiuto sollevava sorpreso gli occhi dal giornale che stava leggendo e diceva stupito: «Ma io sono in recupero!». Era stato lui stesso a definire il proprio rapporto con l'assunzione nella pubblica amministrazione: «Come vincere una lotteria a rate». Più chiaro di così...

Mal di sanatoria

La realtà della pubblica amministrazione è complessa e contraddittoria, ed è difficile avere le idee chiare a riguardo. Molti dei luoghi comuni che la riguardano vanno smentiti, molti altri purtroppo, vanno confermati. Prendiamo le assunzioni dei precari. Il principio sancito dalla Costituzione è che nella pubblica amministrazione si accede tramite concorso: vedremo quanto questo metodo sia inefficace, ma resta il fatto che è per lo meno un tentativo di selezionare il più meritevole. Bene, in Italia fra il 1975 e il 1990 il 60 per cento degli impiegati sono stati messi in ruolo senza concorso; ancora nel 2007 sono state decise le assunzioni di 150.000 precari della scuola, persone che senza mai aver passato un concorso si apprestano a diventare professori di ruolo. Probabilmente lo meritavano, sicuramente sono loro stessi vittime del sistema che uccide ogni merito, ma di sicuro non sarà il loro ingresso nella pubblica amministrazione il vaccino contro il male di cui ci occupiamo.

Eppure le sanatorie possono anche essere ingiuste, ma spesso pongono rimedio, a loro volta, a ingiustizie precedenti. Spesso la pubblica amministrazione è costretta a contrarre rapporti di lavoro a tempo determinato: un po' perché chi è in organico lavora male, un po' perché il regolare *turnover* è spesso bloccato dalle leggi finanziarie. È così che gli uffici si reggono sulle spalle dei cosiddetti contrattisti, in genere giovani, in gamba e volenterosi: con la loro assunzione, il più delle volte, l'ufficio ci guadagna.

«I costi della nostra pubblica amministrazione» ci spiega Giorgio Mattarella, docente di diritto amministrativo all'Università di Siena «sono paragonabili a quelli degli altri Paesi europei, ma la qualità dei servizi resi è minore. Questo è in gran parte un effetto del meccanismo retributivo, che non premia il merito, schiacciando tutti i dipendenti nella stessa posizione: i bravi sono pagati come quelli che lavorano meno, o che non lavorano per niente.» Il meccanismo è elementare: mancando un premio legato ai risultati, i dipendenti bravi sono disincentivati a continuare a lavorare bene. Esiste anche un rovescio della medaglia: così come non paga comportarsi bene, non costa nemmeno nulla comportarsi male. Recentemente abbiamo assistito a punizioni esemplari dei cosiddetti «fannulloni», basti pensare ai 5 dipendenti licenziati dalla provincia di Bolzano. Si tratta di casi esemplari, che probabilmente avranno l'effetto di scoraggiare determinati comportamenti, ma il meccanismo che genera il lassismo del dipendente resta saldamente in movimento. D'altronde chi ha interesse a cambiare le cose?

Secondo Mattarella: «I sindacati hanno paura di scontentare i meno bravi e perdere iscritti, mentre i dirigenti evitano di complicarsi la vita mettendosi a valutare i dipendenti».

Innumerevoli le fonti di spreco del sistema: pensiamo al costo dei giganteschi uffici del personale, o alle tante società di proprietà dello Stato, delle Regioni o degli enti locali in genere, società che spesso fanno poco e che servono solo a dare cariche o ad assumere qualcuno in base a una logica clientelare. I dipendenti, poi, sono anche mal distribuiti, il funzionamento dell'apparato è complicato e regolato da leggi incomprensibili e mal fatte: «Pensiamo» è sempre Mattarella a parlare «alla natura dei bilanci pubblici. Se io spendo un tot in un anno per mantenere un ufficio è chiaro che l'anno prossimo riceverò almeno la stessa cifra. Ne deriva che il pubblico è incentivato a spendere più del necessario per avere più soldi nell'anno successivo: la legge privilegia chi spende, non chi risparmia. A questo si aggiunge un problema di poca trasparenza della macchina. I settori più critici sono infatti quelli che non sono a contatto con gli utenti. Può sembrare un paradosso ma è così. Noi ci lamentiamo degli ospedali, della scuola, ma quando qualcosa va storto ce ne accorgiamo e scattano i clamori e le denunce. Quello che succede nei ministeri e negli assessorati è più difficile da controllare, mentre molti sprechi sono proprio lì, nelle strutture più nascoste.»

«What is concorso?»

È la Costituzione a stabilire che «agli impieghi nelle pubbliche amministrazioni si accede mediante concorso», ed è quindi inevitabile, a oggi, che per entrare nella macchina dello Stato si passi attraverso un esame. Abbiamo visto che questo esame (quale che ne sia la procedura) è truccabile, o quanto meno pilotabile, se non altro *addomesticabile*.

Ma il problema non è solo la poca trasparenza della procedura: in realtà il concorso è inadeguato a selezionare i migliori anche quando si svolge correttamente.

Sono un vincitore di concorso[1] e so bene come si viene accolti da un team rodato (nel bene o nel male) quando si è stati scelti da una commissione esterna, nel migliore dei casi in base a criteri astratti, nel peggiore in base alla telefonata di un sottosegretario. Per quel che riguarda la mia professione, d'altronde, bisogna riconoscere che non sempre dai concorsi (o da studi conclusi brillantemente, come master di giornalismo o scuole di comunicazione) escono buoni giornalisti. Un buon giornalista a mio modo di vedere non deve essere solo preparato: deve avere anche una mente elastica, flessibile, deve essere in grado di instaurare proficui rapporti umani con potenziali fonti, deve avere il senso della notizia, tutte qualità difficilmente certificabili da un esame. Un concorso può (anzi, dovrebbe) essere vinto da una persona particolarmente preparata, ma una buona preparazione può anche coincidere, (specie negli elementi più giovani, me compreso appena entrato in Rai), con una certa supponenza che impedisce, almeno in principio, di interagire proficuamente con fonti e colleghi.

Ricordate Tiziano Barberi, il biologo con camicia hawaiana? Domandiamogli cosa pensa dei concorsi: «Negli Usa, faccio fatica persino a spiegare di cosa si tratti. Non esiste la traduzione di questa parola. Là funziona a chiamata diretta: si valuta il curriculum dei vari aspiranti al posto, se ne considerano i titoli scientifici, in tempi rapidissimi si fa una selezione finale con un colloquio. Ma è in generale il metodo con cui si seleziona il personale per una ricerca che è diverso: ad esempio un istituto vuole fare ricerca sulle staminali? Pubblica un annuncio in cui si dice: cerchiamo un ricercatore con queste capacità per fare questo tipo di ricerca. Il candidato si presenta ed è lui *a dover dimostrare* di essere l'uomo giusto». E non la commissione *a doverlo scoprire*. Aggiungiamo che in America al candidato viene anche chiesta la *recommendation*, la raccomandazione! Sia chiaro, non quella che pensiamo noi, non la spintarella. Al candidato viene chiesto di indicare i nomi di tre o quattro persone con cui abbia lavorato, persone che potranno offrire delle referenze. Nessun personaggio credibile, oltreoceano, spenderà il suo nome per qualcuno che non vale. Comunque, dopo aver valutato curriculum e *recommendation* si valuta il progetto presentato, si fa una prima selezione e quindi viene effettuata la selezione finale. Dopo il colloquio si propone al ricercatore un trattamento economico (che eventualmente viene ritoccato) e poi... comincia l'avventura.

La differenza tra Italia e Usa non è solo questione di procedure; non basta dire che da noi si fa il concorso e lì si fa il colloquio. La differenza è di metodo, strutturale: «loro» sanno quello che chiedono, sanno di che cosa hanno bisogno, e quindi sanno come valutare e come selezionare.

Se in America facessero un concorso (e non lo fanno, ma parliamo per ipotesi) renderebbero subito manifesti gli obiettivi da raggiungere. Facciamo un esempio: il concorso è finalizzato a scegliere il miglior progetto di furgone? Si definisce un obiettivo per i candidati, ad esempio quello di presentare un prodotto in grado di sopportare il peso di un elefante per almeno 17 ore. Arriva il candidato con il furgone, ci fa sedere l'elefante sopra e parte il cronometro: passano 17 ore, e l'asse si spezza. Voto: 6. Solo successivamente si passa alle valutazioni accessorie, che possono comunque far salire il punteggio: la linea del design, il materiale in cui è composto, la potenza del motore e tutto il resto.

In Italia si fa un concorso? Non si definisce un obiettivo minimo, dal momento che l'obiettivo dell'esame è solo quello di assegnare una cattedra. Si presentano in 3000, con 3000 furgoni diversi, e vengono tutti esaminati senza alcun criterio: c'è chi esalta il design, chi la potenza del motore, chi la resistenza delle strutture: mancando un parametro unico di valutazione, l'accordo diventa politico, e i commissari si accordano sul furgone che «conviene» alla maggioranza.

L'eterno liceo

Il cosiddetto *caffettone* era una mostruosità che qualcuno di noi fu disposto a buttare giù pur di rimanere sveglio nelle lunghe notti in cui si preparavano gli esami. Si faceva un normalissimo caffè con la moka, magari premendo un po' di più il macinato in modo da farlo particolarmente forte. Quando il caffè usciva, si versava in un bicchiere: si apriva la moka, la si sciacquava, e se ne preparava un altro, mettendo però nella macchinetta, al posto dell'acqua, il caffè versato in precedenza. Veniva una bomba mostruosa, un catrame imbevibile che rischiava pure di farti male. Eppure c'era chi se lo beveva. C'era anche chi prendeva il ginseng, versione soft (e vagamente purgativa), pillole per rimanere svegli – quest'ultime erano decisamente più pericolose: davanti alla domanda a piacere di un assistente, fecero urlare a un mio collega dai nervi ormai irrimediabilmente compromessi: «Ma porca miseria! Mi domandi proprio quello che non so?».

Tutte pratiche da evitare, chiaramente, sia perché dannose per la salute sia perché perfettamente inutili, ma che accrescevano il clima epico in cui si preparavano gli esami universitari, o ancora prima, la prova della maturità.

Chi non ricorda la tensione di un esame? Pagine e pagine da studiare, nottate infinite a sottolineare libri enormi, vigliacche domande *random* sibilate al telefono per saggiare la preparazione dei colleghi.

Se guardiamo ai concorsi con l'occhio del concorsista italiano, ci troviamo davanti al modello *esame di maturità*. Esce il bando, si comprano i libri, si inizia a studiare con almeno due mesi di anticipo, si va a letto (terrorizzati) la sera prima, e il giorno X si viene svegliati (magari da mamma) col caffè. E si va. In preda all'adrenalina ci si mette a scrivere a testa bassa sul foglio, oppure si risponde alle domande del commissario, cercando di cogliere nei suoi occhi un primo, approssimativo giudizio sulla prova sostenuta. Il giudizio finale, infatti, se si è fortunati, verrà reso noto qualche settimana più tardi, altrimenti si dovranno aspettare mesi.

Una vita di compiti in classe, l'eterno liceo dei ricercatori (e di molti professionisti) italiani. Esami poderosissimi, in cui ti domandano *dello straccio e del coriandolo*, in cui ti chiedono la fotosintesi anche se dovrai occuparti di staminali, in cui non si accorgono che sei un genio del diritto penale perché non ti ricordi un articolo di procedura civile.

Il concorso italiano non è selettivo, è dispersivo. Non mira a un risultato, e se è pensato per misurare il livello di preparazione dei candidati, nella realtà finisce per sondare a casaccio una miscellanea di nozioni e cultura generale. Il concorso, in Italia, lo passano solo i secchioni: e non è scritto da nessuna parte che a un Paese servano solo i secchioni.

Il falso per legittima difesa

Quando gli parlavano degli enarchi (i diplomati alla leggendaria Scuola di amministrazione pubblica francese) François

Mitterrand chiosava: «Sono i migliori, sanno tutto. Peccato che non sappiano nient'altro».

Chi sono i migliori? Si può essere *obiettivamente* il migliore, quale che sia il posto per cui è stato indetto il concorso? Pensate a un ufficio di pubblica amministrazione: da anni un giovane lavora con un gruppo, un contratto dopo l'altro. Ha ormai imparato i meccanismi, sa lavorare con la squadra, possiede un *know how* che è di per sé valore aggiunto. Non può essere assunto se non mediante concorso: quale capo raziocinante accetterebbe di perdere quell'elemento avendo in cambio, magari, un genio del diritto amministrativo che non ha esperienza lavorativa, che non lega con i colleghi e che non conosce il lavoro che va a fare, ma che ha vinto un concorso magari bandito un anno prima? E sarebbe poi giusto che non ottenesse il posto (che di fatto occupa da tempo) l'elemento che già svolge gli incarichi per cui viene bandito il concorso? È chiaro come andrà a finire: i concorsi verranno organizzati dall'ufficio in questione in modo da far vincere il candidato preferito. Farlo è, tutto sommato, semplice: una volta stabiliti i componenti della giuria, si invia loro il curriculum del candidato preferito e si disegna il bando a sua misura. Il prescelto conosce il tedesco? Il tedesco diventa requisito fondamentale. Gli altri in genere si fanno da parte, magari strappano un qualche credito in vista del prossimo concorso e la vicenda si chiude lì.

Non è semplice affrontare la questione: la pubblica amministrazione deve assicurare pari opportunità di ingresso a tutti, ma dovrebbe anche garantire un funzionamento efficiente, affidandosi ai dipendenti più idonei.

Quando si è idonei a un posto di lavoro? Probabilmente quando si è in possesso di una serie di requisiti talmente ampia da divenire difficilmente certificabile per concorso. Ogni persona è un mondo, ogni posto di lavoro un universo: difficile certificare l'adeguatezza di un candidato in base a due domande, scritte o orali che siano. Ancora più inutile cercare di definire l'adeguatezza di questo o quell'altro candidato in base ai titoli ottenuti o alle sue competenze su questa o quell'altra materia. Secondo il saggista Giancarlo Lunati[2] la selezione del personale andrebbe orientata sulla ricerca di tre qualità: «La preparazione professionale, la fantasia e il carattere. Quest'ultima qualità è importante quanto le altre, perché il collaboratore valido è anche quello che non si sottomette ai voleri del capo sempre e comunque. Un conto è la fedeltà, un conto è la lealtà; la quale deve esercitarsi con capacità critica ogni volta che occorre. Un buon capo chiede ai propri collaboratori di dargli torto quando pensano che abbia torto. Non accade spesso, proprio perché la selezione del personale è diventata sempre più un fatto burocratico, un accertamento del puro possesso delle tecniche richieste [...] il rischio è di avere pubblici dipendenti di buone doti tecniche, ma di assoluta mancanza di fantasia e di capacità di indipendenza. Cosa deleteria se si pensa al *public servant* dominato totalmente dal potere politico».

Scrive il giuslavorista Pietro Ichino:[3] «Quand'anche poi le prove concorsuali consentissero di accertare le qualità che veramente contano per la funzione specifica, resterebbe il fatto che la commissione giudicatrice non risponde per nulla della bontà della scelta. Svolto il compito, essa si scioglie, e se il vincitore si rivelerà inidoneo al ruolo, nessuno ne chiederà mai conto ai commissari».

Alla base dell'idea del concorso è la convinzione che, una volta accertata la legittimità formale di qualcosa, il resto vada da sé. Secondo Ichino è un modo di pensare tipicamente ottocentesco, ma di sicuro l'idea che, date certe premesse, il risultato sia scontato è un'idea che non regge. Nessuno è un buon avvocato solo perché si laurea in Legge col massimo dei voti, nessuno è un buon fattorino solo perché sa compilare con precisione il modulo della ricevuta.

La pubblica amministrazione (e quindi lo Stato, il Paese) sceglie il proprio personale sulla base della convinzione che siano i titoli ottenuti a tavolino a dimostrare le capacità del singolo: il mondo intorno allo Stato si è ormai convinto invece che i titoli certifichino appena alcune delle potenzialità del singolo (e non necessariamente quelli utili nel caso specifico). A dimostrare il nostro valore, sul posto di lavoro, sono solamente i risultati che noi stessi, di volta in volta, siamo in grado di ottenere. E per valutare le nostre capacità funziona meglio un colloquio con un «cacciatore di teste» o con il capo del personale, piuttosto che il giudizio di una commissione d'esame.

Il vicolo cieco

Racconta Pier Luigi Celli che un ex manager pubblico decise di rassegnare le dimissioni da capo del personale di una partecipata di Stato il giorno che gli arrivò direttamente da una segreteria di partito la lista delle persone da assumere. Non solo non avevano allegato i curricula, ma non gli avevano neanche concesso di conoscere i nomi di battesimo: era una lista di cognomi, al loro fianco il numero di telefono da chiamare per comunicare l'avvenuta assunzione. In fondo, se il concorso è truccabile, immaginiamoci il colloquio! Affidando alla discrezionalità di un dirigente il giudizio sul singolo candidato, si rischia di rendere ancora più semplice la cooptazione: non servirà più neanche truccare l'esame, sarà sufficiente far fare una telefonata, da parte di chi «di dovere», all'esaminatore di turno. E allora che si fa? Come si seleziona il personale della pubblica amministrazione? Se il concorso non garantisce la correttezza della selezione e se quest'ultima non è garantita nemmeno dal colloquio, che si fa? Arriviamo all'estrazione, la pietra tombale su ogni velleità meritocratica?

Sembriamo essere arrivati a un vicolo cieco, e forse questa è la domanda più importante della nostra inchiesta. Come abbiamo già detto, però, la cura al mal di merito è una e una sola. Non esiste una ricetta diversa per ogni problema che solleviamo: e allora, ancora un po' di attesa, e risolveremo tutti gli interrogativi!

7
Vizi privati

Padre padrone

Nell'Italia delle caste le aziende non si creano, si ereditano. L'impresa italiana, sia o non sia quotata in Borsa, è in genere proprietà di una famiglia: passa dal padre al figlio, o alla figlia, poi al nipote, e così via, consentendo ogni tanto l'ingresso nella stanza dei bottoni ai generi, quasi mai alle nuore. Si chiama capitalismo familiare, e l'Italia ne è la patria.

La successione dinastica al vertice delle imprese fa sì che queste ultime non siano guidate necessariamente dai manager migliori. Ogni tanto, per dirla in maniera scorretta, *arriva il figlio scemo*, e sono guai. Il manager migliore si sceglie sul mercato, l'erede te lo manda il fato, e non è detto che sia in grado di guidare un'azienda. Si dirà: fatti loro, l'azienda è proprietà privata, ci mancherebbe pure che i padri non potessero scegliersi il manager che vogliono. In effetti il fenomeno diventa di interesse generale solo perché in Italia è talmente esteso da influenzare lo sviluppo complessivo del sistema. L'80 per cento delle aziende a conduzione o controllo familiare scompare entro la terza generazione, 2 imprese su 3 falliscono nel periodo di passaggio tra la prima e la seconda generazione: i nomi di queste aziende non direbbero nulla al lettore, perché il più delle volte si tratta di imprese piccolissime. Ma sono tante. Secondo alcune stime passano dal padre al figlio 66.000 aziende l'anno, così tante che il loro problema diventa il problema del sistema.

«Le imprese capitanate dal patriarca fondatore» scrive l'economista Luigi Zingales citando studi statunitensi[1] «valgono in media più di imprese simili senza alcuna presenza familiare. Ma quando il bastone del comando passa a un erede, l'impresa ne risente e il suo valore di mercato scende in media al 90 per cento di un'impresa analoga non familiare. Il valore di mercato di un'impresa cade quando un erede viene scelto come amministratore delegato. Se invece il successore alla guida dell'azienda è selezionato all'esterno della famiglia, il valore dell'impresa sale del 2 per cento all'annuncio della nomina.» E non si tratta solo di effetto annuncio: secondo gli studi dell'Università di Chicago[2] le imprese passate agli eredi riducono i profitti, mentre quelle guidate da manager esterni aumentano redditività. Naturalmente a fare i danni (e a rovinare la media) sono i rampolli che non hanno il talento adeguato, o quelli che non hanno studiato a sufficienza. L'«effetto eredità» è ancora più pronunciato se a prendere in mano le redini è il primogenito (questo perché, in caso di valorizzazione della primogenitura, non si è voluto scegliere il migliore nemmeno tra i figli). Creare un'azienda è una cosa, gestirla un'altra, e in ogni caso non è detto che le qualità dei padri possano sempre passare ai figli: per guidare un'azienda, per conoscerne il funzionamento, i difetti, i pregi, ma anche per guadagnarsi il rispetto dei dipendenti, bisogna conquistarsi i gradi sul campo. Secondo l'economista Stefano D'Anna non può bastare come spiegazione alla morte di 20.000 imprese familiari ogni anno, il fatto che il figlio non sempre sia in grado di raccogliere l'eredità del padre. La morìa di imprese familiari è a suo modo di vedere anche la conseguenza dell'arretratezza del sistema Italia tutto. «Dovendo preparare l'erede» spiega D'Anna «la famiglia imprenditoriale, per tradizione, per abitudine, per mancanza di alternative, se non prende la decisione di mandarlo all'estero, lo manda a una facoltà di Ingegneria, di Giurisprudenza o di Economia, magari la più vicina. Se è fortunata abbastanza e il figlio o la figlia non sono in quel 25 per cento che, agli inizi del primo anno, depone sotto l'albero di Natale la sua decisione di abbandonare, e se non va ad alimentare quel fenomeno della mortalità universitaria che con un eufemismo è chiamata "dispersione" (70 per cento), arriverà a quasi 28 anni al sospirato titolo di dottore. Nel caso degli ingegneri a poco meno di trenta. Il tempo per un padre/imprenditore da aspettare prima di vedere il figlio abbandonare i libri, laurearsi e finalmente dedicarsi al business familiare è inaccettabilmente lungo, mediamente 6 anni più che in qualunque altro Paese europeo.»

Alla luce di questi dati Luigi Zingales sostiene che «il capitalismo familiare non è un problema in sé, ma il nepotismo sì».[3] In effetti ai fini del successo dell'impresa non è determinante il carattere della proprietà: l'impresa può essere pubblica, privata, diffusa, concentrata, l'importante è che venga gestita bene, possibilmente dai migliori.

Cosa succede all'estero? Basti pensare che in America il creatore dell'universo Apple, ad esempio, è stato licenziato dall'azienda che lui stesso aveva creato. Ma di questo parleremo dopo.

Nonno padrone

Secondo gli studi di Bankitalia[4] non solo la proprietà e il controllo delle aziende italiane sono definiti dai legami familiari e non dal mercato, ma gli imprenditori nostrani sono piuttosto anziani. Nel 2006 l'età media di chi controllava le imprese italiane era ancora di 61 anni: la prova provata che, da noi, le classi dirigenti non mollano mai lo scettro, e che i giovani, anche in questo settore, non riescono a emergere. In azienda il padre comanda finché ha il fiato per farlo, mentre se non hai il babbo imprenditore difficilmente riuscirai a creare un'impresa.

Il clima che si respira nelle aziende italiane è lo stesso che si respira nel resto del Paese. Secondo il 50 per cento dei nostri dirigenti di azienda i giovani non possono ricoprire ruoli manageriali di un certo livello, perché non hanno accumulato la giusta esperienza. La Robert Half Executive Search assicura che tra i dirigenti stranieri a pensarla così non sono che il 29 per cento degli intervistati. Angela Savino, 36 anni, che rappresenta i giovani manager di Federmanager, racconta: «Quanti siamo? Siamo pochissimi. In Italia anche il sistema economico è gerontocratico. Il sistema di reclutamento nelle nostre imprese è relazionale, ci si muove per conoscenze, e ai giovani pur preparati si chiede sempre quello che non possono avere: l'esperienza. E si dimentica che ormai l'evoluzione del sistema economico ha dei ritmi tali che l'esperienza, spesso, può diventare persino un handicap. Le persone riescono a emergere solo in rari casi, trovandosi al posto giusto al momento giusto». Insomma, si ragiona in termini di «chi ce l'ha fatta nonostante tutto», non di sistema che fa emergere di regola meriti e capacità.

Naturalmente a potersi permettere di cambiare strada sono innanzitutto le aziende più grandi. Nell'ultima relazione del governatore della Banca d'Italia[5] viene ancora una volta sottolineato che le imprese che si innovano fanno utili e creano occupazione. In un'indagine condotta su un campione di 4000 aziende emerge chiaramente che il ricambio generazionale e l'ingresso di giovani laureati è stato uno dei fattori che più ha permesso il cambiamento una volta mutate le condizioni produttive.

Oltre la metà delle aziende del campione ha cambiato strategia negli ultimi quattro anni. Circa il 12 per cento ha cambiato settore di produzione, registrando profitti superiori alla media. Un'azienda su 5 ha scelto la via dell'internazionalizzazione, una quota doppia rispetto al 2000. Chi si è arroccato ha perso, chi ha aperto al mercato ha vinto.

Su questi risultati ha influito un innegabile fenomeno di svecchiamento che, anche se riguarda solo le imprese con oltre 50 addetti, viene salutato positivamente dalla Banca d'Italia: la quota di imprenditori over 65 è scesa dal 37,4 per cento del 2002 al 24,4 del 2006, mentre quella tra i 35 e i 55 è aumentata dal 29,1 al 43,9 per cento. Gli imprenditori laureati sono saliti dal 23 al 37,4 per cento, mentre quelli con licenza media o inferiore sono scesi dal 22,4 al 9,5 per cento. I dipendenti laureati sono il 9,5 per cento contro il 6,9 del 2002.

L'aumento della produttività del lavoro – la via maestra dell'incremento dei salari senza aumento dell'inflazione – passa per la specializzazione e l'istruzione; passa dunque per la scuola e l'università.

Le avventure di un povero pizzaiolo

Anche nel fare impresa vince chi ha una famiglia alle spalle. Pensiamo alle banche, che in Italia non sponsorizzano le idee ma chiedono garanzie reali che gli juniores non possono offrire, o pensiamo alle mille regole e alle mille procedure burocratiche che soffocano sul nascere l'iniziativa di un singolo che decide di lanciarsi in un'impresa. Crearla dal nulla può risultare impossibile.

Illuminante in tal senso la testimonianza di Luigi Furini che ci ha riassunto durante una puntata di *Ballarò* il suo esilarante (ma in realtà drammatico) *Volevo solo vendere la piz-*

za:[6] «Faccio il giornalista da trent'anni» ci racconta. «Volevo cambiare la mia vita e ho deciso di aprire un'attività: non lo avessi mai fatto! Sono entrato nel tunnel della burocrazia. Per aprire una pizzeria ci ho messo quattro mesi pieni, spendendo 100.000 euro. Prima e durante mi è capitato di tutto. Tra le cose più incredibili: viene da me un medico per fare una relazione per evitare i rischi ai miei dipendenti; poiché avevo dei normali detersivi mi dice che c'è un rischio chimico, e che devo far indossare loro dei guanti. Poco male, la spesa sarebbe stata irrisoria, se non fosse che la relazione (obbligatoria) si pagava: per farmi dire che dovevo comprare dei guanti in lattice ho speso 1000 euro. Mi hanno fatto fare un corso di pronto soccorso nel caso in cui a qualche mio cliente fosse successo qualcosa: sono andato non so quante volte all'Asl, non so quanti corsi ho dovuto frequentare. Uno era il corso antincendio, per dirmi che è sconsigliabile usare materiale infiammabile per spegnere le fiamme; uno di prevenzione, in cui mi hanno spiegato come spostare una scala oppure cosa si intende per pavimento bagnato. Un altro esempio. Quando apri una pizzeria devi decidere a quale categoria appartenere, se sei cioè commerciante o artigiano, perché se sei commerciante la Coca-Cola la puoi vendere dal bancone con la cannuccia, se sei artigiano con il gettone e la macchinetta a parte, perché l'artigiano può vendere solo quello che produce. Quando poi sono riuscito ad aprire sono iniziati altri problemi. Il sindacato ha protetto una dipendente che si era messa in gravidanza a rischio per poi aprire un'attività con il marito a 100 metri da me. Io la pagavo e lei mi faceva anche concorrenza. L'ho licenziata ma alla fine siamo finiti in causa, causa che per fortuna ho vinto. Una volta una mia dipendente ha regalato un pezzo di pizza a un bambino e ho preso una multa di 516 euro perche non aveva fatto lo scontrino. Ho chiuso l'attività dopo un paio di anni. L'ho venduta a un cinese: io non ce la facevo più.»

Figlio in studio

C'è un motivo se in Italia la domanda di servizi notarili è cresciuta del 21,4 per cento fra il 1995 e il 2005, ma i notai sono aumentati solo del 4,5 per cento? C'è un motivo se la spesa per i farmaci è aumentata del 92,1 per cento e le farmacie solo del 7,8 per cento?[7] Il motivo c'è, ed è semplicissimo: meno sono i fornitori dei servizi richiesti, maggiore è il loro reddito.

Chiaramente una posizione così fortunata, una rendita così conveniente non può essere regalata al primo arrivato, e gli amministratori di questi servizi tendono a restringere il più possibile il numero delle persone che possono svolgere le convenientissime mansioni. Ovvio che, tra i pochi ammessi, ci sia sempre un posto riservato per parenti e amici di chi già appartiene all'esclusivissimo club: l'Ordine professionale.

La logica che è alla base dell'istituzione Ordine è quella per cui le professioni intellettuali, data la complessità del «lavoro offerto», non possono rispondere alle logiche del mercato, anche perché il cittadino comune (secondo questa impostazione) non è in grado di valutare la qualità della prestazione erogata dal professionista. Come soluzione il legislatore ha pensato bene di affidare la tutela del cittadino ai professionisti che il servizio erogano: un po' come affidare all'oste il compito di giudicare se il vino è buono. L'autorità Antitrust propone un «profondo ripensamento del ruolo degli Ordini, il cui compito deve essere quello di promuovere la formazione (per garantire l'aggiornamento dei professionisti a vantaggio degli utenti) e di vigilare sulla correttezza dei comportamenti degli iscritti. Bisogna quindi» sottolinea «contrastare la tendenza a far ricadere nei codici deontologici aspetti spiccatamente regolatori dell'esercizio delle professioni, che non hanno niente a che vedere con questioni di ordine etico». In pratica l'Ordine professionale ha le chiavi dell'ingresso alla professione stessa, ed è ovvio (per le ragioni già esposte) che l'accesso venga in qualche modo limitato.

La chiave di ogni riforma ipotizzata dal legislatore non è mai stata l'abolizione degli Ordini (pure proposta da autorevoli osservatori) ma piuttosto la maggiore apertura dell'ingresso agli Ordini stessi, in modo da consentire di lavorare a chiunque ne abbia la voglia e la capacità. L'ennesima riforma degli Ordini professionali attende di essere discussa dall'ennesimo Parlamento dell'ennesima legislatura: ogni tentativo che il legislatore ha fatto di scardinare il potere di avvocati, notai, farmacisti, giornalisti e di tutti i professionisti che svolgono la loro attività al riparo di albi e tessere è stato sinora vano. Il libero accesso alle professioni, senza limitazioni di numero, l'eliminazione dei vincoli territoriali nell'esercizio dell'attività, la libera concorrenza e la possibilità di effettuare pubblicità dell'attività professionale, l'abolizione dell'obbligo di tariffe minime, la riduzione del numero degli Ordini, degli albi e dei collegi professionali, la loro trasformazione in associazioni di natura privatistica sono solo alcuni degli obiettivi minimi che si può porre la politica.

L'Ordine gestisce il proprio settore di mercato in condizioni di sostanziale monopolio, e come dicevamo in precedenza, il monopolio è la pietra tombale della meritocrazia. Non esiste infatti nessuna garanzia che il più meritevole ottenga il lavoro: anche accettando la logica (inaccettabile) del numero chiuso in determinate professioni, non è mai successo che un Ordine professionale allontanasse dal settore un iscritto per ammetterne uno più bravo. Quando il numero massimo di operatori è raggiunto, chi è dentro è dentro e chi è fuori è fuori, quali che siano le capacità dell'*outsider*. Non c'è poi nessuna garanzia che, tra due *outsider*, l'Ordine decida di far entrare il più bravo e non un amico degli amici, dal momento che (non essendo in concorrenza con altri Ordini) non ha particolare interesse ad aprire le porte ai migliori del settore. Il monopolio è l'habitat naturale della raccomandazione, l'apertura e la competizione l'habitat naturale del merito: probabilmente se ci fossero più albi a contendersi gli avvocati migliori, le cose andrebbero diversamente, e magari i futuri avvocati verrebbero contattati quando ancora non hanno finito l'università.

Il problema è che in Italia anche l'interesse generale rischia di essere inteso dal legislatore come somma degli interessi dei vari gruppi che trovano rappresentanza: il Paese dei club, il Paese dei circoli, in cui piuttosto che concentrarsi sulla riorganizzazione generale del sistema conviene cercare di affiliarsi a una casta, e aspettare pazientemente di riscuotere il proprio tornaconto.

E mamma a casa

In Italia il 97 per cento dei primari è maschio, e la percentuale è più o meno la stessa se parliamo dei rettori o dei dirigenti di azienda. È ovvio che qualcosa non va.

Nel nostro Paese solo il 45 per cento delle donne ha un'occupazione (il tasso più basso d'Europa) contro il 70 per cento degli uomini, e, a parità di lavoro, le donne guadagnano il 7 per cento in meno.[8] Su 10 posti con alto potere decisionale solo 2 sono in mano femminile, in Svezia sono 3, negli Stati Uniti 5.

Secondo l'Isfol, su 100 donne che lavorano, 13 lasciano l'impiego dopo la nascita del primo figlio; donne e uomini, se non si sposano, hanno la stessa partecipazione al mondo del lavoro (l'83 per cento), ma una volta sposati la donna comincia ad allontanarsi dal mercato, e il tasso di partecipazione scende al 71 per cento. Secondo il Cnel il 23 per cento degli uomini italiani non dedica nemmeno 10 minuti al giorno al lavoro familiare, mentre tornate dalla fabbrica o dall'ufficio, le lavoratrici dedicano più di 5 ore alla famiglia. Le più «fortunate» sono le madri single, perché possono dedicare alla casa e ai figli «solo» 5 ore e 7 minuti al giorno: le donne sposate, a quanto pare, devono farsi carico anche del partner, e per loro il tempo di cura familiare sale a 6 ore e 25 minuti.

Se la famiglia si trasforma (ad esempio per la nascita di un figlio, o per la necessità di occuparsi di un parente) nulla cambia per l'uomo, i cui tempi di lavoro restano invariati. Gli unici tempi e ritmi a cambiare sono quelli della donna, che accetta di lavorare con orari ridotti rispetto ai colleghi maschi. Una su 4 sceglie il part time, probabilmente in modo da coniugare al meglio le esigenze di famiglia e ufficio, e non ci sarebbe nulla di male, dal momento che la resa sul posto di lavoro non è certo legata al tempo di permanenza davanti alla scrivania. Il problema è che in ufficio la scelta del part time viene vissuta come una resa, come l'addio al mondo produttivo della collega che sceglie la famiglia ma che non vuole rinunciare a uno stipendio. Secondo un sondaggio effettuato per conto dell'Unione Europea,[9] 7 donne su 10 si sono sentite dire sul lavoro che «dovrebbero occuparsi della casa e dei bambini e lasciare che siano gli uomini a lavorare e guadagnare»; l'87,7 per cento delle intervistate ritiene che gli uomini rivestano ruoli più elevati perché sulle donne grava la cura familiare, mentre il 64,7 per cento è convinto che sarebbe stato più facile fare carriera se fosse stato uomo.

Le donne guadagnano meno. Se prendiamo la busta paga di un impiegato pesa in media il 12 per cento in più di quella di una sua collega: in termini assoluti gli uomini guadagnano in media 26.327 euro annui lordi, mentre le colleghe intascano 23.078 euro. Se parliamo di dirigenti, la differenza media tra uomini e donne si è attestata intorno agli 8000 euro lordi l'anno.

Eppure le donne sono più brave: studiano più dei maschi e ottengono, nei loro studi, risultati più apprezzabili. Secondo il Censis il 12,1 per cento delle donne tra i 25 e i 64 anni è in possesso della laurea, contro l'11,1 per cento degli uomini, e più in generale la quota di laureate si attesta al 17,4 per cento contro il 12,2 per cento maschile. Decisamente migliori anche le performance universitarie: il 20,4 per cento delle ragazze si laurea in corso, contro il 16,7 per cento dei ragazzi.[10] Sul numero totale dei laureati il 57 per cento è donna, tra i laureati in materie scientifiche e informatiche è donna il 49 per cento. Voto medio dei laureati? Tra gli ingegneri, 103,4 le donne; 101,4 gli uomini.

Qualche tempo fa la Praxi, altra società italiana di cacciatori di teste, fu incaricata da un ente previdenziale di selezionare un giovane manager che si occupasse della gestione del suo patrimonio immobiliare. Sul tavolo del responsabile romano, Pietro Traverso, arrivarono 10 nomi: 8 nomi di donne, 2 di uomo. Raccontava Traverso alla «Repubblica»:[11] «Di solito il building manager è un uomo. "Siete sicuri?", ho chiesto allora ai miei collaboratori. "Questo dicono le selezioni", mi hanno risposto. Be', l'ente ha fatto i suoi colloqui e ha stilato la graduatoria: le 8 ragazze nei primi posti. I 2 uomini, ultimi». A quanto pare questa non è l'eccezione, è la regola: le donne, sul lavoro, sono più brave, e le aziende (almeno dalla fine degli anni Novanta) le cercano al momento dell'assunzione, sia per i posti di comando sia per gli impieghi più semplici. Le multinazionali, spesso, le chiedono espressamente, e il sociologo Enrico Finzi arriva a dire che «è un dramma, perché sul posto di lavoro occorre sempre un mix di esperienze e persone. Ma non si riescono più a trovare giovani maschi bravi».

Sono soprattutto i quadri medi, intermedi, medio alti che si stanno «femminilizzando». Nel 2001, a tre anni dalla laurea, il 79 per cento degli uomini aveva un lavoro, contro il 69 per cento delle donne; Nel 2004 i 10 punti di distanza tra le 2 percentuali si erano dimezzati: 77,8 per cento contro 73,4 per cento. Nel 2005 Unicredit Banca ha assunto, per la prima volta, più donne che uomini; lo stesso anno, dei 100 neoassunti al marketing da L'Oréal e Philips, 70 erano donne.

L'Italia, in fondo, arriva buon'ultima a condividere un trend che ha già travolto altre società industrializzate. A New York, il cosiddetto «sorpasso rosa» è già avvenuto, e le donne laureate tra i 21 e i 30 anni che lavorano a tempo pieno guadagnano più dei loro coetanei.[12] Sempre a New York le donne guadagnano in media il 17 per cento in più rispetto ai colleghi: 35.653 dollari l'anno contro 30.560 dollari. A Dallas lo scarto è del 20 per cento, e va considerato che nella capitale del Texas lo stipendio medio femminile è più basso che a New York.

Se ci spostiamo in Europa scopriamo che in Norvegia la «rincorsa rosa» è finita da tempo: il governo di Oslo ha varato una commissione di saggi che studi come porre rimedio alle discriminazioni cui sono soggetti i norvegesi maschi. In difficoltà già sui banchi di scuola, spesso sfavoriti in caso di divorzio, gli uomini norvegesi chiedono protezione alla politica.

È evidente che, in Italia, le donne non riescono a dare il contributo che potrebbero alla crescita del Paese. Il loro merito è frenato da una serie di fattori di origine culturale ma anche (e forse soprattutto) di origine economico-sociale (welfare inadeguato a sostenere la famiglia, orari di lavoro incardinati su modelli di vita che la società ha ormai scavalcato...). Quale può essere la soluzione? Si possono imporre quote a loro riservate per colmare il gap con gli uomini? Può darsi che sia un modo per tamponare l'emergenza, magari in politica, ma non è certo la soluzione che può aprire le porte a una società più meritocratica. Dopo le quote rosa che si fa? Si impongono le quote per le donne del Sud rispetto a quelle del Nordest? E poi città per città? No, non è questa la soluzione.

Il mito del privato

«Quando uno ci rimette di tasca sua» si dice in genere «ci pensa due volte prima di prendersi a carico un fannullone, prima di fare un favore a un politico, prima di lanciarsi in un'impresa non remunerativa.» Non è così, come abbiamo visto qualche capitolo fa, e non sono poche le crepe che minano la stabilità di questo mito.

Primo luogo comune: le aziende private scelgono i propri dipendenti selezionandoli sul mercato, a differenza di quello che fa la pubblica amministrazione. Non vogliamo smentire in assoluto questa affermazione, siamo costretti però a ridimensionarla. Mettiamola così: le aziende hanno la possibilità di scegliere i propri dipendenti sul mercato; alcune lo fanno, alcune non possono, altre non vogliono, magari perché sono troppo «pigre». L'Unioncamere[13] ha provato a scoprire come assumono le aziende italiane, per vedere quanto sviluppato e aperto fosse il nostro mercato del lavoro: è emerso che la stragrande maggioranza dei dipendenti sono stati contattati per cooptazione diretta, grazie alla segnalazione di qualche conoscente, e che la raccomandazione pesa in particolare sulle assunzioni fatte dalle imprese con meno di 10 dipendenti, soprattutto al Sud. Le imprese più piccole si rivelano più esposte al potere politico, le imprese del Sud si rivelano meno tutelate dalle richieste dei poteri esterni.

Secondo mito da sfatare: non è vero che nel privato i più bravi vengano pagati meglio. Almeno, non sempre. Se è vero infatti che nelle aziende italiane hanno preso piede i sistemi di valutazione della performance dei dipendenti (e si sa quindi chi lavora bene e chi lavora male) è pure vero che in genere alle prestazioni migliori non vengono concesse retribuzioni più alte. Otto amministratori[14] su 10 affermano infatti di avere un sistema di valutazione di chi lavora, ma solo uno di loro afferma di aver preso provvedimenti sulle persone a basse prestazioni;[15] solo nel 10 per cento dei casi gli *high performer*, quelli che lavorano meglio degli altri, guadagnano almeno il 30 per cento più della media.

Ma insomma: alle imprese conviene o non conviene affidarsi ai «migliori»?

Dal curriculum...

Cosa sono i raccomandati per un'azienda (sia essa di proprietà pubblica o privata)? Essenzialmente un costo. Camilla Panico D'Urso è una giovane cacciatrice di teste, seleziona il personale per le aziende, grandi o piccole che siano. «Quello dei raccomandati non è solo un problema morale» ci spiega. «Il problema vero è che se prendi un raccomandato non hai il controllo del talento, cioè te lo devi prendere "a scatola chiusa": non è detto che sappia fare quello di cui tu hai bisogno, e difficilmente te ne puoi liberare. Questo significa che la prestazione e la qualità complessiva del prodotto si abbassano, e a soffrirne è l'azienda.»

C'è da augurarsi che in Italia non venga mai istituita la Qca, Qualification and Curriculum Autorithy, l'autorità che nel Regno Unito vigila sulla correttezza delle ammissioni nella pubblica amministrazione. Oltre a fornire una banca dati dei curricula britannici, suggerisce ai sudditi di sua maestà quali percorsi di studi intraprendere, a quali imprese rivolgersi per trovare un lavoro, cosa scrivere sui propri curricula e come organizzarli. In Gran Bretagna funziona, e funziona pure bene, ma, come dicevamo, c'è da augurarsi che in Italia nessuno pensi a istituirla, dal momento che con ogni probabilità finirebbe per essere l'ennesima esperienza frustrante, l'ennesima agenzia affidata alla gestione di commissari millenari freschi reduci, magari, dall'esperienza parlamentare.

Se dobbiamo però augurarci che non nasca la Qca in Italia, possiamo sperare che anche da noi si impari ad apprezzare l'importanza del curriculum.

Il colloquio di selezione è, a detta degli esperti, l'unico metodo valido per scegliere e valorizzare i talenti. Come funziona una selezione operata attraverso il curriculum, prima tappa del percorso che porterà al colloquio?

Appena laureato di curricula ne avevo tre o quattro. Uno per ogni tipologia di lavoro cui aspiravo: disponevo le mie esperienze lavorative, i miei studi, i miei hobby a seconda della bisogna. In uno mettevo in mostra le mie qualità di ricercatore, in un altro sembravo nato per fare il rappresentante, un altro dipingeva il ritratto di un addetto alle relazioni industriali. Non inventavo nulla, ma disponevo tutto al meglio. Un esempio? *Giovanni Floris, 22 anni, si è laureato in Scienze politiche con 110 e lode, indirizzo economico, tesi in Sociologia politica. Ha pubblicato diversi saggi in materia di politiche giovanili, ha seguito corsi di regia, prodotto una serie di cortometraggi. Ama il cinema, viaggiare, è appassionato di storia e di letteratura mitteleuropea di inizio Novecento.* Seguono altre informazioni, dalle quali poteva desumersi la preparazione accademica in modo da delineare il profilo di un candidato attratto dall'approfondimento culturale ma dalle spiccate capacità anche pratiche, preparato e capace di studiare e approfondire. Oppure:

Giovanni Floris, 22 anni, laurea con lode in Scienze politiche alla Luiss, si è laureato con una tesi sulle Relazioni industriali in Italia dal dopoguerra a oggi. Assistente del prof Gino Giugni, ha seguito il corso Aidp per la direzione del personale.

Collabora con la casa editrice Ediesse per la quale cura la Guida al Lavoro. Seguono le altre informazioni, che (diversamente da quanto fatto per l'altro curriculum), vengono qui sparse con noncuranza, come se servissero solo a dare un quadro più completo di un candidato sinceramente appassionato di diritto del lavoro, ma colto e ricco di interessi.

Tutto vero, in entrambi i casi, ma curricula totalmente diversi. Per il primo mi sarei proposto all'Istituto Luce, con il secondo alla divisione personale della Ford. «Chi cerca lavoro di curricula dovrebbe averne almeno tre o quattro, ognuno pronto alla diversa bisogna» spiega la Panico d'Urso. Fare il curriculum è un'arte: non esiste il curriculum perfetto, esiste il curriculum adeguato allo scopo.

La Gidp, l'associazione che riunisce i capi del personale delle grandi aziende, una volta ha interrogato i suoi associati domandando quali problemi si incontrano nell'esame dei curricula. Tre su 10 risposero che i candidati italiani tendono a mettere troppe informazioni sulle loro attività extrascolastiche, mentre altri 3 (sempre su 10) dissero che i candidati italiani ne mettono troppo poche. Nessuna contraddizione, la realtà è che non ci sono regole: il curriculum è il contrario del concorso. Chiunque può andare bene per qualcosa, nessuno può andare bene per tutto. «Se cerco un buon addetto al marketing non mi interessa se ha fatto la scuola di soccorso alpino» spiega Paolo Citterio, presidente della Gidp[16] «ma può dirmi qualcosa che abbia venduto libri usati davanti alla scuola.»

Un altro esempio? Gli addetti al personale spiegano che può essere dannoso, al primo colloquio, dilungarsi troppo sui propri desideri e sulle proprie ambizioni di carriera, perché l'ambizione legittima di una persona concreta (e quindi affidabile) è innanzitutto trovare lavoro, il resto sono sogni inutili. Diverso il discorso di una persona che intenda cambiare lavoro. Lì è importante, per il selezionatore, sapere perché il candidato lascia il suo vecchio posto, e perché ne cerca uno nuovo.

Gli errori, poi, non sono uguali per tutti. Il lavoro è il luogo delle differenze per antonomasia, ognuno può dare qualcosa che altri non hanno, quindi le regole di selezione fluttuano, differiscono di caso in caso.

«Un laureato che inciampa sui verbi lo scarti subito» continua Citterio[17] «anche se dovrà occuparsi solo di numeri, perché è immaturo, dimostra di non aver messo a frutto il suo percorso scolastico. Ma se un tornitore che ha preso la licenzia media mi spiega che cosa sa fare sbagliando tutte le coniugazioni, al diavolo la grammatica!»

Sappiamo che nei concorsi fa in genere punteggio il voto di laurea: più alto è il voto ottenuto con la discussione della tesi, migliore è la valutazione del candidato. Le aziende selezionano con un'ottica diversa: «Non cerchiamo secchioni che ci mettono otto anni a prendere 110 e lode» continua Citterio «ma pragmatici che sanno come si raggiunge un obiettivo nel tempo giusto»; meglio quindi qualche punto in meno ma una laurea presa in quattro anni. O ancora: una bocciatura alle medie, o al liceo, può condannare un candidato in un concorso? Non lo frenerà di certo al colloquio: magari, anzi, la capacità dimostrata nel risollevarsi dopo uno scivolone potrà diventare un punto a suo favore.

La filosofia della selezione è completamente diversa se si parla di concorso o di colloquio. Una selezione del personale basata sul curriculum è una selezione flessibile, fatta caso per caso, basata sulle effettive necessità di chi cerca un lavoratore con determinate caratteristiche; un concorso assicura il diritto di lavorare a chi si dimostra più preparato degli altri concorrenti. Più preparato a fare che cosa? A questa domanda non c'è risposta. Il diritto del vincitore ad avere il posto è tale a prescindere da quelle che sono le specifiche esigenze dell'amministrazione, e a prescindere dalle mutazioni del contesto. Basti pensare che per conoscere il vincitore di un concorso possono passare anche anni, o che un concorso può essere vinto a Roma da un bergamasco che verrà destinato a una cattedra abruzzese: spesso l'amministrazione interessata viene a conoscere il vincitore solo nel momento in cui quest'ultimo si presenta per il primo giorno di lavoro.

... al colloquio

Ma il momento decisivo della selezione è il colloquio. «In un curriculum ci si può scrivere tutto e il contrario di tutto» ci dice ancora Panico d'Urso «mentre è entrando in contatto diretto che si conosce una persona. Un curriculum ti dice poco, ad esempio, del modo in cui un candidato si relaziona con le persone. Puoi essere il migliore dei laureati nella migliore delle università, ma se non sai lavorare con gli altri, questi finiranno per isolarti, e a chi ti assume non servirai più a nulla.»

Il colloquio è la prova del nove, ma ci sono tante altre prove molto importanti: test di personalità, di gruppo, test psicoattitudinali, prove individuali o di gruppo. Una buona selezione costa parecchi soldi, e in Italia le aziende preferiscono «arrangiarsi»: o perché alla fine dei conti sembra loro inutile imbarcarsi in un percorso così complesso, o perché obiettivamente non possono permetterselo. Consideriamo che una buona selezione del personale può durare mesi. «Può sembrare un dettaglio, ma non lo è» prosegue Panico d'Urso. «Un colloquio lo vengono a fare tutti, ma cinque o sei prove con la stessa azienda le sostiene solo chi è davvero motivato. Anche questo è un modo per selezionare il personale.»

Esistono aziende che chiamano i propri lavoratori a sostenere colloqui anche due anni dopo l'assunzione, per verificare se il dipendente ha espresso le potenzialità che al momento dell'assunzione si era pensato che potesse avere: il datore di lavoro si chiede se ha messo il lavoratore nelle condizioni ottimali perché rendesse quello che poteva rendere, si domanda se lo ha inserito nel posto giusto, se deve cambiare strada, se si può trovare un contesto in cui renda ancora meglio. Si chiamano *aule di valutazione del potenziale*, e le organizzano solo le aziende più grandi: una vera e propria selezione e coltura del talento, da cui guadagnano tutti, datori di lavoro e dipendenti.

Una selezione accurata porta ovviamente ad avere il personale più qualificato: chi prende i migliori cresce, chi no rimane piccolo, e chi è piccolo non riesce a investire in risorse umane. Un cane che si morde la coda.

Come abbiamo ormai imparato, la salvezza in Italia non la regala il sistema. Se una piccola impresa vuole diventare grande, deve farcela da sola, impegnandosi il doppio, il triplo di quanto deve impegnarsi una grande azienda. Anche nel mondo delle imprese l'Italia premia solo i supereroi.

Terza parte
La diagnosi

1
Ottanta a Sessantotto

Il Sessantotto spiegato ai contemporanei

Prima di inziare *Mal di merito* ho raccolto gli appunti di un anno di *Ballarò*. In diverse puntate abbiamo affrontato il tema della meritocrazia, e sono andato a rivedere le interviste che la redazione aveva fatto per preparare l'argomento. Un file archiviato e non utilizzato per la messa in onda si intitolava «Sessantotto e merito». In un'intervista lo storico Roberto Alonge diceva: «Ero di Potere Operaio, ho partecipato anch'io alla distruzione del sistema, e sono colpevole. Il merito lo abbiamo ucciso noi. Dal Sessantotto in poi è passato il principio del "6 politico", la filosofia del "siamo tutti uguali", del "bravi o no il posto di lavoro non si tocca". Per capirci: chiunque è dentro come insegnante nelle scuole e nelle università deve essere riconfermato, senza concorsi né valutazioni. Chi è dentro è intoccabile. La verità» continuava Alonge «è che il Sessantotto ha dato uno scossone nell'organizzazione della società, ma mentre in Francia il sistema si è subito ripreso, in Italia il movimento non ha mollato mai, è durato altri dieci anni, e ha deformato in profondità la società italiana. Non solo la scuola quindi ha perso la capacità di stimolare il merito, ma anche la famiglia ha perso autorità. Si sono persi valori antichi, come quello del sacrificio unica via per ottenere le cose. Penso ad esempio alla pubblica amministrazione con gli aumenti salariali uguali per tutti, bravi e meno bravi. Nessuno ha la forza di cambiare questo sistema, che ormai è profondamente radicato nel Paese. In Francia Sarkozy arriva e dice serenamente che chi lavora di più guadagna di più: in Italia chi avrebbe il coraggio di esprimersi con tanta semplicità?».

Ricordo che non affrontammo questo argomento in trasmissione, temendo potesse partire il classico confronto tra intellettuali che iniziano a raccontare, ognuno, in quale gruppetto extraparlamentare militasse quando ci si preparava alla battaglia di Valle Giulia. Lo *share* ha un minimo di interesse anche per noi di Raitre, e non volevamo farci del male. Adesso però posso pormi esplicitamente la domanda che mi passava per la testa durante la riunione in cui lessi questa intervista.

Cosa sappiamo del Sessantotto? Intendo dire: cosa sappiamo, noi nati alla fine degli anni Sessanta, del Sessantotto? Anzi, visto che è sempre meglio non azzardarsi a parlare per una generazione, mi chiedo: se non fossi diventato giornalista, se non avessi frequentato intellettuali e direttori di giornale, se non leggessi ogni settimana quantità abnormi di saggistica per preparare la puntata, cosa saprei del Sessantotto?

Mettiamola così: fino ai 14, 15 anni ne sapevo poco. Ricordo che quando avevo circa 11 anni, alcuni fascisti picchiarono un ragazzo sotto casa mia, ma quello (facendo due calcoli) non poteva che essere il 1977, al massimo il 1978 (anno dei mondiali in Argentina).

Il Sessantotto era l'altro, quello delle manifestazioni, non quello degli scontri. Se consideriamo che mio padre aveva allora poco più di 30 anni, mia madre un po' meno, loro il Sessantotto dovrebbero averlo fatto. Io avevo pochi mesi, mia sorella tre anni: mio padre mi dice che lavorava in banca, e pensava a come pagare il mutuo «continuando a vivere dignitosamente» (parole sue). Mia madre nel Sessantotto insegnava alle magistrali, e spiega che le ragazze avevano le stesse preoccupazioni delle loro coetanee di oggi: leggevano, uscivano con gli amici, andavano al cinema, ascoltavano musica, non pensavano alla rivoluzione. Nel 1970 sarebbe arrivata ad insegnare in un liceo molto importante della capitale, e mi racconta che anche lì a manifestare, tra gli alunni, erano in pochi. Pochi che trascinavano tanti, certo, ma molti si accodavano per non essere giudicati male, e molti altri restavano a guardare, e chissà cosa avevano in testa.

Comunque i miei non sono fra «quelli che hanno fatto il Sessantotto»: sia chiaro, di politica si interessavano e le loro idee le avevano, a casa nostra ogni settimana arrivavano «Panorama» e «L'Espresso», ogni mattina trovavo in salotto «la Repubblica» e «il Messaggero» e non c'era angolo di casa da cui non spuntasse fuori un libro: ma non erano loro quelli del Sessantotto.

Ma allora chi erano quelli del Sessantotto? I miei zii a Nuoro non lo erano, i miei cugini grandi nemmeno, amici e parenti di Cortona neppure. Gli inquilini del palazzo dove sono nato e cresciuto a Roma non erano i genitori dei miei amici no, quelli degli amici di mia sorella neanche... Ricordo le figlie di due amici dei miei, ma di nuovo confondo, quello credo fosse il Settantasette. Insomma, il Sessantotto lo fecero in tanti, presumo, ma non lo fecero tutti.

Credo che il carico simbolico del Sessantotto mi sia arrivato sulle spalle verso il quarto, quinto ginnasio. Andavo al Tasso, liceo romano di lunga tradizione politica, e durante un'occupazione mi confrontai con tutto il mix di simbologie rivoluzionarie che alcuni degli studenti più grandi avevano ereditato dai fratelli maggiori e dai genitori: in Aula Magna proiettavano un documentario sugli ultimi giorni di

Allende, un giovane in corridoio spronava «i compagni e le compagne» a resistere al probabile assalto fascista che si sarebbe scatenato da lì a poco, tra i professori qualcuno guardava ammirato, qualcuno borbottava livido, i più aspettavano in sala docenti che l'occupazione finisse.

Sarà stato il 1981-1982, e 14 anni di distanza non avevano ammaccato il fascino della rivoluzione. Lo sentimmo questo fascino, capimmo che di lì a qualche anno sarebbe toccato a noi catalizzare l'attenzione di tutti, e speranzosi in un futuro di protagonismi, rivoluzioni culturali e, non ultimi, di rimorchi, ce ne andammo al Parco dei Daini a giocare a pallone. Col tempo, però, la nostra coscienza prese forma. Arrivò anche l'occasione per recuperare «cultura politica», perché l'anno successivo giornali e settimanali ricordarono il quindicennale e dedicarono numeri speciali al 1968.

Più o meno in quel periodo scoprii la filosofia, amai la storia, approfondii la letteratura, entrai in quel mondo fantastico che ci accompagna negli ultimi anni di liceo, ed ebbi occasione di farmi e disfarmi mille volte le idee sul Sessantotto, il Settantasette e tutto il resto.

A scuola arrivò infine anche per noi ragazzi degli anni Ottanta il momento di prendere il potere, e la prima occupazione fu indetta perché si erano rotti i termosifoni. La prima occupazione davvero riformista della storia del liceo Tasso!

Scherzi a parte, molti di quelli che si sono formati negli anni Ottanta non riescono a vivere sentimentalmente, emotivamente, politicamente il Sessantotto. Lo vivono magari (e ringrazio i miei che mi hanno insegnato a farlo) come un fenomeno da studiare, da approfondire con l'aiuto innanzitutto di chi lo ha analizzato con le categorie della scienza.

Se ho ben capito il Sessantotto parte proprio dalla contestazione studentesca al sistema dell'università, considerata una sorta di gabbia ingessata, basata sul principio di autorità. Il punto è che quella era la matrice di tutta la società, e così da una piccola crepa si aprì uno squarcio. «Il Sessantotto» spiega Michele Ainis «è stato importante proprio perché ha fatto nascere un vento che ha spazzato via un clima insopportabile. All'università, come in fabbrica, come in casa il modello sociale era autoritario, soffocante. Nel 1970 è arrivato lo Statuto dei lavoratori, poi la legge sul divorzio e tante altre cose: se non fosse stato per il Sessantotto non sarebbero mai arrivati certi diritti, non si sarebbero mai compiute queste riforme.»

Ma quando nasce l'idea del Sessantotto nemico del merito? «Be',» risponde Ainis «se è vero che il Sessantotto ha aperto una stagione di diritti e libertà e se è vero che si è aperto un periodo di ricerca di uguaglianze, è pure vero che c'è stato, come dire, un errore di interpretazione.» Ci sono due modi di concepire il principio di uguaglianza: si è uguali all'arrivo o alla partenza? Il Sessantotto rispose all'arrivo, mentre la risposta giusta era «alla partenza».

Da quel che ho capito, quindi, il movimento del Sessantotto, lancia una battaglia giusta contro una società chiusa, ma pretende di regalare, a tutti, quanto agognato, collocando l'intera società nel punto di arrivo di un ipotetico percorso di «liberazione»: per fare esempi concreti, prendiamo il caso dell'università. Il movimento si propone di far prendere a tutti la laurea. Diverso sarebbe stato pretendere che tutti potessero avere le stesse opportunità di sviluppare i propri talenti, le proprie diversità, magari anche mettendosi alla prova frequentando l'università. Bisognava concentrarsi sulla linea di partenza, invece ci si è concentrati sul podio. Medaglie a tutti, il che equivale a medaglie per nessuno.

«Il Sessantotto è stato un bene» spiega Ainis «ma forse non ha saputo interpretare correttamente il concetto di eguaglianza, e alla fine ha depresso il merito. Ha prodotto un brodo culturale, una sorta di cultura dei diritti intesi come accondiscendenza dei sogni, spesso come pulsione egoistica: i diritti» conclude «non sono mai a somma zero. Per ogni diritto che guadagno qualcuno vede sorgere un dovere, bisognava capirlo prima.»

«Io ho fatto il Sessantotto.»

In una puntata di *Invasioni Barbariche* dedicata agli anni Settanta, gli ospiti (intellettuali e politici che avevano militato a destra e sinistra in quegli anni) iniziarono il più classico degli *amarcord*. Citavano scontri, ricordavano piazze infiammate, rivivevano episodi, offrivano letture della cronaca di quei giorni in toni epici, un po' malinconici, come se parlassero di un'epoca romantica e dura, di una sorta di età dell'oro della politica cui poi seguirono anni in cui la cosa pubblica venne gestita sì in maniera più civile, ma sicuramente meno sentita e appassionata. Sarebbe stato insomma il solito dibattito televisivo sul tema, se non avesse frantumato il clima da rimpatriata la domanda di Daria Bignardi: «Ma insomma, fateci capire: state parlando di botte?».

Sì, fondamentalmente parlavano di tutte le botte che si erano dati. Il tono era da convegno di politologia, ma in realtà l'argomento era: diciottenni che si facevano molto, molto male.

Non solo gran parte dei parlamentari in attività, ma anche direttori, editorialisti e commentatori di tg, quotidiani e settimanali, presidenti di aziende che producono cultura hanno nella gran parte militato e si sono formati negli anni e nelle forme di cui stiamo parlando. I gruppi del Sessantotto (o quelli del Settantasette) esprimono nel nostro Paese la gran parte della classe dirigente, tanto a destra quanto a sinistra, tanto da dare il più delle volte l'impressione di un circolo chiuso in cui ci si scambia le posizioni chiave del sistema.

Le militanze nei vecchi gruppi extraparlamentari vengono ormai presentate come referenze, come parte della preparazione specifica che ognuno può offrire al Paese; le adesioni agli Indiani metropolitani o alla sezione di Colle Oppio vengono citate come all'estero si citano master e Ph.D. (dottorati di ricerca) in gestione della cosa pubblica.

Secondo lo storico Giovanni De Luna gli ex sessantottini scontano la condanna a rimanere per sempre giovani. Scrive De Luna:[1] «I protagonisti di quella stagione hanno tutti tra i 50 e i 60 anni. Che si trovino a occupare i posti appetiti dalle generazioni successive è un dato prima anagrafico, poi politico. Ma il problema resta serio. La classe dirigente, in Italia ancora più che in Francia, stenta a rinnovarsi, soprattutto per quanto riguarda la politica e la cultura. Che si tratti di un'ottusa e strenua occupazione del potere da parte dei vecchi del Sessantotto o dell'incapacità di un'autentica ribellione da parte dei giovani di oggi è una questione che vale la pena approfondire». Secondo lo storico torinese «per i giovani del Sessantotto la giovinezza fu una dimensione esistenziale, svincolata dall'anagrafe, che portava a ridiscutere continuamente se stessi, ad avere orrore di ogni situazione definita, di ogni stato di equilibrio. Ecco il punto: sia la concezione della politica sia l'interpretazione del proprio vissuto confluivano in un unico percorso segnato dalla totale indeterminatezza circa l'obiettivo finale. E questo, alla fine, rende difficile oggi capire quali sono i vincitori e quali i vinti, rende accidentato e incerto il confine tra le vittorie e le sconfitte individuali e il contesto politico generale in cui a vincere o a perdere sono i soggetti collettivi. I militanti del Sessantotto non sapevano a quale pilastro ancorare l'addio alla giovinezza; ne derivava una specie di sortilegio che in seguito li ha condannati a restare sempre giovani, come prigionieri di un passato che non passa».

È così? I sessantottini si adeguano continuamente al

mondo che si trasforma perché del cambiamento hanno fatto la loro bandiera? Rubano gli spazi a tutti gli altri perché hanno ipotecato con la loro politica vaga e indeterminata tutti i cambiamenti che una società può offrire? Vorranno essere sempre loro la novità, pretendendo di incarnare tutti gli obiettivi che il tempo può affidare alla politica?

«Tutto questo» continua De Luna «contribuisce a dare ai giovani di allora una familiarità con il mondo di oggi che dovrebbe essergli negata dalla loro età anagrafica. È una eterna giovinezza che rende molto più difficile la rottura, rischia di interrompere il normale avvicendarsi tra giovani e vecchi la cui fisiologia si nutre proprio dell'alterità, della necessità – per chi viene dopo – di prendere le distanze su tutti i piani, anche quello del rapporto con il futuro e con il passato.»

Chi ha fatto il Sessantotto si ritiene quindi eterno? L'eterno capo dei Bimbi smarriti del Paese, un Peter Pan della politica che rimane sempre a combattere nella sua Isola che non c'è i Capitan Uncino che la vita gli mette davanti?

Probabilmente si tratta di una semplificazione eccessiva ed ingiusta. Di certo, più prosaicamente, in un Paese dove raramente è stato il merito a decidere il destino degli uomini, chi è riuscito a mettere le mani sul potere non lo molla facilmente. I pochi gruppi che sono riusciti a farsi spazio in giovane età (nel giornalismo, nella cultura, o nella politica) si sono poi ancorati alla loro poltrona, riuscendo a non lasciare più la posizione.

Gli anni Ottanta

Mano a mano che persino qualcuno di noi quarantenni si crea uno spazietto nella classe dirigente italiana, spuntano rivisitazioni in chiave positiva del decennio più bistrattato della storia del pianeta: gli anni Ottanta.

A questa prima generazione post-ideologica si imputa il qualunquismo politico, la chiusura nel «particulare», la frequentazione di due soli luoghi dell'anima: la scrivania dirigenziale e il lettino abbronzante. I quarantenni di oggi furono davvero la *generazione P*, programmi tv, pubbliche relazioni, promozioni, palestra? Di certo non erano tutti così. Di certo non *eravamo* tutti così.

Ma anche se solo nei suoi tratti generali, è giusto rimproverare di mancanza di idealismo la generazione che si è liberata dalle ideologie? Rimproverare di mancanza di passione politica una generazione che al posto di Enrico Berlinguer ha avuto Achille Occhetto, al posto di Pietro Nenni Bettino Craxi e al posto di Andreotti... sempre Andreotti?

Quando nel 1982 Robert Smith, voce e anima dei Cure, apriva *Pornography*, il miglior album del gruppo, cantando *Doesn't matter if we all die* (Non importa se moriamo tutti),[2] per poi urlare il suo allucinato *I must fight this sickness, find a cure* (Devo combattere questa malattia, trovare una cura) al termine dell'ultimo brano, a me sembrava chiaro cosa volesse dire. Significava che non c'era altra soluzione se non quella di uscire dall'angolo, presto, e a tutti i costi.

Ricordate la *Dark wave*?[3] Era un fronte culturale, un movimento di pensiero, sicuramente una corrente musicale che più o meno diceva questo: il rock ha manifestato la voglia di ribellione di una generazione, poi è arrivato il Punk. Il Punk è stata l'anarchia, l'impossibilità di omologarsi, l'ammissione di una sconfitta, se vogliamo, da parte di chi voleva sovvertire il sistema. Dopo, sembravano denunciare i Dark, è stato il buio: attenzione però, è il buio degli eletti, il buio di chi è cieco perché è rimasto abbagliato dalla troppa luce, dai troppi colori. Ora, e torniamo a *Pornography*, la generazione degli anni Ottanta poteva scegliere due strade: o immolarsi al buio che le aveva consegnato lo scontro ideologico della generazione precedente, o *combattere la malattia, e trovare una cura.* Di medicine quella generazione ne ha sbagliate parecchie, ma alla fine dal buio si è allontanata.

La mia opinione è che i quarantenni di oggi in realtà abbiano cambiato il mondo proprio come i quarantenni, i ventenni e i trentenni che li hanno preceduti. Per qualcosa lo hanno cambiato in meglio, per qualcosa lo hanno cambiato in peggio. Il mondo, però, come al solito, non se n'è accorto, e loro (proprio loro! La generazione dei PR!) non sono riusciti a comunicare i loro pregi, lasciando trasparire solo i loro difetti.

Gli anni Ottanta li ricordo bene: sono nato nel dicembre 1967, e quindi nel 1980 avevo 12 anni. Il decennio più screditato della storia italiana l'ho vissuto in pieno, è quello in cui mi sono formato.

Dovessi, personalmente, dargli una colonna sonora sarebbe un mix tra gli Spandau Ballet e i Cure, tra i Cult e gli Ultravox, tra i Duran Duran e gli Smiths, passando per i Violent Femmes. Senza dimenticare le cassette dei Talk Talk, degli U2 (quelli veri), dei Soft Cell, ma anche *Running in the family* dei Level 42, o gli Wham, «Shout» dei Tears for Fears, i Dead or Alive, fino ad arrivare (per gli stomaci più forti) a Gazebo, F. R. David e persino i Paris Latino con tutta la colonna sonora di *Vacanze di Natale* (il primo).

Dovessi segnare un giorno X sarebbe Roma-Liverpool, o Italia-Brasile 3 a 2, oppure ancora il concerto a Milano di Bob Marley, o quello a Roma di David Bowie. Lo scudetto del Verona (la possibilità di raggiungere l'impossibile) e poi tanto altro: la nevicata a Roma del 1985, le vacanze dopo la maturità e la classica notte prima degli esami. Il primo Live Aid, le lezioni di filosofia e quelle sul Novecento, le *Lezioni americane* di Calvino, la leggerezza di Milan Kundera e la scoperta di Karl Popper. Memorie tante, ma è possibile che nessun mio ricordo sia legato alla politica?

A pensarci bene la politica si distingue, o meglio assume ai miei occhi un'identità autonoma rispetto a tutto il resto nel periodo che va dall'ultimo anno di liceo al primo di università. Era comunque una politica diversa da quella che apparve davanti agli occhi dei miei cugini maggiori: era più simile a quella di oggi.

Una cosa di certo hanno insegnato a tutti noi gli anni Ottanta: nessuno può parlare a nome di una generazione. Scrivo a titolo personale, rappresentando il punto di vista mio e probabilmente di qualche mio amico. Come ricordavo in precedenza, la prima occupazione che guidammo noi non fu di grande spessore politico, dal momento che l'oggetto della protesta era l'ennesimo guasto alle tubature dell'istituto (era gennaio, credo, di sicuro i termosifoni non funzionavano e faceva freddo). La lista che stravinse le elezioni per il consiglio di istituto aveva come motto «la pietra che rotola non raccoglie mai sugo», sottotitolo «ognuno con la farina sua ci fa gli gnocchi che gli pare», e l'apice dello scontro ideologico si raggiunse durante i tornei di calcetto.

Manifestammo contro la Falcucci, e occupammo pure contro la Falcucci, una ministra democristiana di cui non ricordo particolari misfatti, a parte sicuramente quello di essere, appunto, una ministra democristiana. Mi direte: «Allora questa è politica, non pragmatismo!». No perché che la vera colpa della Falcucci fosse quella di essere ministro in fondo lo avevamo capito già allora.

La notte che Reagan bombardò la Libia eravamo a una festa, e i due ricordi (nel migliore dei casi) si fondono; il giorno dopo ci fu un'assemblea cui alcuni studenti filoamericani si presentarono goliardicamente vestiti con le bandiere a stelle e a strisce, intonando l'inno statunitense. Furono fischiati sì dagli studenti di sinistra, ma soprattutto furono sommersi da pallottole di carta e da crasse risate.

D'altronde la sera prima eravamo tutti alla stessa festa. Se ricordo bene la dimensione politica del pensiero (almeno nella mia scuola) era caratterizzata da una forte, fortissima, solidarietà che legava gli appartenenti al gruppo, e dal rifiuto radicale (ma nel contempo ironico e bonario) delle regole condivise al di fuori del nostro ambiente. Un modello di cui troveremo traccia nelle analisi del prossimo capitolo. Erano ammesse e tollerate tutte le posizioni, che si confrontavano in maniera leggera ma profonda. Rispondendo a un unico spirito fondamentalmente anarchico le posizioni (anche le più estreme) servivano come passepartout per dialogare e confrontarsi con chi la pensava diversamente. Ci davano identità, ma non ci imponevano comportamenti.

A noi (parlo di noi da ragazzini, fino ai 16, 17 anni) la politica interessava meno della filosofia, meno della letteratura, o forse era solo sullo sfondo di tutto il resto, e di certo non era vissuta come più importante. Successivamente alcuni di noi scelsero di farne una professione, altri vi si appassionarono, molti cambiarono radicalmente le idee che li avevano dapprima convinti, portando a termine in pochi anni percorsi che le altre generazioni compirono (a volte) in una vita, o che in una vita non si permettono di portare a termine. Molti contribuirono in maniera determinante e viva alle mobilitazioni contro la mafia o la camorra. Tutti noi, però, vivemmo tra l'adolescenza e la maturità una sorta di (giusta, a mio modo di vedere) «zona franca», o area di decantazione, ci fu concesso più tempo per formarci, e per capire. Alla nostra età molti dei nostri cugini maggiori erano già scesi in strada per scontrarsi. Noi, forse, abbiamo avuto più tempo per maturare.

Per dirla tutta, la vita non ha mai stupito noi degli anni Ottanta con effetti speciali, se consideriamo che siamo scampati anche alla fine del mondo, il 31 dicembre 1999.

Le generazione responsabile

È sempre difficile parlare delle generazioni, perché come in tutte le cose le generalizzazioni mortificano la realtà, appiattiscono le differenze e banalizzano i ragionamenti. Ma ormai siamo in ballo, e continuiamo a ballare.

Prendiamo i nati nel 1967: nel 1968 avevano un anno, nel 1977 una decina. Di tutto quello che è successo hanno visto poco, di sicuro ne hanno sentito molto parlare, di certo ne hanno capito quanto basta per ricavare un'immagine tetra delle ideologie. Qualora invece qualcuno fosse ancora attratto da quest'ultime, ha avuto modo nel 1989 di vederne crollare l'ultima in mondovisione. Io avevo 21 anni, e ricordo benissimo la gente prendere a picconate il Muro per andare a ovest: davanti a una prova del genere, cosa c'era da aggiungere?

Dalla caduta del Muro a Tangentopoli, in cinque anni chi ha la mia età ha visto trasformarsi repentinamente il mondo politico: dal partito-chiesa (Dc-Pci) al partito-marchio (FI, basti pensare al kit per fare proselitismo fornito da Berlusconi ai leader locali del suo movimento nel '94).

La generazione degli attuali quarantenni è stata forse quella che più di altri ha avuto l'opportunità di non affogare nel disorientamento, di non vivere la crisi dei concetti di impegno e appartenenza: eravamo troppo piccoli per credere a quello che c'era prima di noi, abbastanza adulti per capire cosa stava succedendo davanti a noi. Tanto era poco affascinante lo scontro degli anni Settanta, quanto era poco affascinante il Caf, il patto di potere stretto tra Craxi, Andreotti e Forlani. A dir la verità era poco affascinante anche Mani Pulite, perché se ne sapeva già abbastanza per capire che sarebbe finita nel caos.

Magistrati vittime, magistrati carnefici, magistrati buoni o magistrati cattivi; e ancora politici buoni, politici cattivi, politici giusti o politici malfattori. E poi comunisti buoni, comunisti cattivi, fascisti cattivi e fascisti (in fondo) non così cattivi. Giornalisti eroi, giornalisti opportunisti, giustizieri o prezzolati; imprenditori buoni, imprenditori cattivi e così via: davanti al traballare globale delle forme e delle strutture tradizionali, questa generazione ha lasciato cadere i calcinacci del vecchio sistema vivendo piuttosto l'emergere di una nuova coscienza critica, scoprendo l'impegno al singolare, legato alla prassi e all'individualità e non all'ideologia. Pensiamo alle battaglie ambientaliste e per i diritti civili, all'importanza data al volontariato, all'emergere del dato economico come unità di misura del risultato politico.

La generazione degli odierni quarantenni è la prima che ha fatto a meno, volontariamente o no, dei grandi proclami, delle questioni di principio, preferendo rimboccarsi le maniche nel personale e nel locale, misurando l'impegno dei singoli sulla base dei loro risultati.

Non dirmi perché vuoi fare qualcosa, dimmi come hai intenzione di farlo, e mostrami come lo farai.

E forse, se un po' di meritocrazia si è fatta largo nel Paese della spintarella, il merito (è davvero il caso di dirlo) è anche degli anni Ottanta: il risultato ottenuto al termine dell'azione, ad esempio, è agli occhi di chi si forma in quegli anni l'unico metro valido con cui misurare l'impegno sul lavoro. Cambia anche l'ottica con cui viene giudicata una persona: la sua attività, i suoi guadagni, i suoi successi e i suoi insuccessi riguardano unicamente la sua sfera professionale, e non si trascinano mai dietro giudizi morali o politici sulla persona. Tizio *fa* il giudice, non *è* un giudice, così come Caio *fa* il poliziotto o l'avvocato, non *è* un poliziotto o un avvocato. Sempronio (soprattutto) *fa* l'operaio, non *è* un operaio. Il lavoro, la professione, assumono un'identità autonoma, non sono legati alle qualità della persona, che torna libera di pensare, avere un ruolo, decidere comportamenti che prescindono dal modo in cui ha deciso di procurarsi da vivere. La sfera del personale è infinitamente più ampia e più complessa di quella del professionale, e proprio conquistandosi un'identità autonoma e ben definita la professionalità con tutto ciò che comporta acquista peso e importanza. Chi si forma in questi anni ritiene legittimo, se meritato, chiedere un aumento, o abbandonare senza complessi un impiego per uno meglio retribuito: si può essere leali anche se si cerca di guadagnare di più, si può essere brave persone persino se ci si vuole comprare una bella macchina.

Qui c'è il bivio tra quello che di buono hanno fatto gli anni Ottanta e quello che hanno fatto di meno buono (o di cattivo *tout court*). Qualcuno insieme alle battaglie di principio ha pensato che si potessero buttare i princìpi, e questo ha portato a una forte deriva verso l'individualismo e i suoi lidi più grotteschi (pensiamo al carrierismo esasperato, alle cravatte con i nodoni sul gozzo, all'ossessione del fitness, alle lampade Uva e alle passioni per i marchi e per le marche). Di certo gli anni Ottanta sono quelli dell'ultraliberismo della Thatcher, di un'interpretazione esasperata e quasi messianica del concetto meritocratico, dell'accettazione della selezione naturale come di un fattore provvidenziale di guida della trasformazione sociale. «Molti negli anni Ottanta hanno lasciato in soffitta l'ideologia,» spiega Michele Ainis «ma purtroppo anche gli ideali, decidendo di guardare solo il proprio ombelico.» E se il merito è divenuto per molti italiani sinonimo di arroganza o di prepotenza, parte della colpa è sicuramente di chi, negli anni Ottanta, si convinse che tutto era possibile, bastava pretenderlo.

Molti insomma, rapiti dall'interesse per il proprio (singolo) destino, non sono riusciti a sviluppare una caratteristica fondamentale di chi aspira a un ruolo nella classe dirigente di un Paese: la capacità di far parte di un progetto, di una visione generale. «Un'élite» spiega l'economista Innocenzo Cipolletta[4] «si seleziona con il fare. Più che lo spirito della carriera individualista, ci vuole quello del fare qualcosa insieme, condividere delle idee, un progetto.»

Forse anche per questo il merito ha una così brutta reputazione in Italia: viene vissuto come un fattore escludente, che serve ai pochi per fare fuori i tanti, a chi pensa solo a se stesso per abbandonare chi invece pensa ai più deboli.

Eppure non c'e niente di più ideale che combattere per l'affermazione del merito, e non c'è niente di più drammatico di veder soccombere chi, avendo bisogno, non può imporre i propri meriti. La battaglia della meritocrazia, in effetti, è la cosa più giusta che ci sia, perché permette al figlio dell'operaio di avere le stesse opportunità di quello del professore: se togli il merito, a fare la differenza sono lo status sociale e il reddito, le conoscenze e i soldi. Nient'altro.

Molte persone che si sono formate negli anni Ottanta non hanno abbandonato i princìpi, li hanno solo declinati in modo diverso dal passato, e basti per questo pensare al citato concetto di eguaglianza come eguaglianza alla partenza, e non all'arrivo; il difficile rapporto tra questa generazione e le precedenti si spiega anche per queste diverse chiavi di lettura dell'esistente. Se consideriamo poi che dal 1989 al 2006 l'età media della classe dirigente è passata dai 50 ai 60 anni, dobbiamo nuovamente osservare che le leve del potere sono, oggi come allora, nelle mani delle stesse persone: chi non capiva i giovani negli anni Ottanta continua a non capirli ora che hanno quarant'anni, e sorride davanti al modo di pensare di una generazione che non lo ha mai convinto. Detentori e pretendenti al potere sono sempre gli stessi. Il potere, se non circola, logora tutti: chi ce l'ha e chi non ce l'ha.

2
Guappi e moralisti

Il guappo buono

Napoli, 16 novembre 2006. La piazza antistante la chiesa del Carmine è gremita da migliaia di persone, forse anche diecimila, assiepate ovunque: cori da stadio, pianti, urla, striscioni, malori e svenimenti. I fuochi artificiali, poi un messaggio della presidenza della Repubblica: Napoli porge l'ultimo saluto a Mario Merola. Il presidente della Regione Campania parla di Merola come di un «grande punto di riferimento, un grande simbolo per Napoli e il Mezzogiorno». Il ministro della Giustizia ricorda «Il cantore della Napoli verace», l'assessore alla Cultura saluta «Un ambasciatore positivo della migliore tradizione popolare napoletana», mentre per il sindaco di Napoli, Merola «faceva la parte del guappo buono, che alla fine fa prevalere la giustiza e la bontà. Dobbiamo recuperare la *guapparia*» aggiunge «nella misura in cui è orgoglio, e non prepotenza. Nella misura in cui si tratta di un sentimento di generosità». Immediata si scatena la polemica: si può legittimare la subcultura di cui Merola era rappresentante e portavoce? Si può rivalutare la *guapparia*?

Secondo Domenico Rea,[1] «il guappo era uno dei protagonisti principali della vita della città, uno dei più ambìti ideali femminili, il paladino plebeo, il giustiziere, circondato di omertà e di protezione, al di sopra della giustizia statale»; Isaia Sales[2] spiega che Mario Merola «ha soltanto provato a giustificare i comportamenti delinquenziali con la necessità del sopravvivere, a fare intravedere una "morale" nell'uomo delinquente, una sua sostanziale bontà e un attaccamento alla famiglia e ai figli da difendere anche a costo di rompere e infrangere le regole sociali e dello Stato».

Giuseppe D'Avanzo,[3] su «la Repubblica», scrive che «mai con tanta clamorosa visibilità le istituzioni cittadine, il ceto politico, gli intellettuali hanno accettato di riconoscere, inchinandosi, la maligna mutazione lazzara che distrugge Napoli. [...] Il guappo di Merola» continua D'Avanzo «chiede comprensione se vive nell'illegalità, scava un solco tra l'illegalità e la criminalità. [...] Può essere l'illegalità tenuta al riparo dalla criminalità? Può essere l'illegalità un valore culturale da esibire, evocare, esaltare nella Napoli violenta di oggi? [...] Indignarsi per il triste spettacolo offerto dalle élite napoletane, con le loro parole o con la loro imbarazzata indifferenza, è a buon mercato e serve a poco. Occorre capire. È necessario che soprattutto capiscano i napoletani come quel ceto politico, quelle istituzioni pubbliche cittadine siano ormai – per cinismo, per opportunismo, per viltà, per timore – "conquistate", colonizzate, incapaci di comprendere (e quindi giudicare) il passato, inabili anche soltanto a immaginarlo, un futuro oltre questa notte».

Ma è solo opportunismo quello che ha spinto i politici napoletani a trovare qualcosa di positivo nella figura di Mario Merola, a condividere aspetti di quello che D'Avanzo definisce «l'armamentario sottoculturale» da lui rappresentato? Oppure c'è effettivamente nella *guapparia* un aspetto positivo che alcuni commentatori non hanno saputo cogliere? Cosa rende *il guappo* un esempio positivo agli occhi di tanti italiani, cosa rende Merola un eroe, e soprattutto: a quel funerale erano presenti diecimila persone, e molte di loro hanno probabilmente condiviso le lodi a una certa *guapparia*: possibile che sbaglino tutte? Sbaglia *la gente* ad amare Mario Merola?

L'Italia dei clan

Lo studioso americano Edward C. Banfield introduce il concetto di «familismo amorale» in un libro dal titolo che è tutto un programma: *Le basi morali di una società arretrata.*[4] Naturalmente si parla dell'Italia. Secondo Banfield il familismo amorale è quella concezione per cui gli appartenenti a un gruppo rispondono alle leggi interne al gruppo stesso, e solo a quelle leggi. Il legame di tipo «familiare» unisce gli appartenenti al clan in maniera così assoluta dal sollevarli dal dovere di rispettare le regole esterne, e un rapporto così stretto all'interno del gruppo può solo basarsi su una ferrea ubbidienza gerarchica e su una totale omertà in difesa degli affiliati. Secondo questa lettura il *familismo* sarebbe una mentalità presente da sempre in Italia, che porterebbe i nostri concittadini a cercare, sempre o comunque, un vantaggio per loro stessi, per il loro nucleo, o per la loro corporazione, a scapito dell'interesse collettivo. I *familisti* cercano di «massimizzare i vantaggi materiali e immediati della famiglia nucleare, supponendo che tutti gli altri si comportino allo stesso modo», non mostrano alcuna fiducia nei confronti della collettività e non sono disposti a solidarizzare con gli altri se non in vista di una personale convenienza. Il contrario dei *familismo amorale* è, secondo Banfield, il *senso civico.*

Secondo quanto racconta Edmondo Berselli,[5] un profondo conoscitore del nostro Paese come Beniamino Andreatta era convinto che a «corrompere» gli italiani fosse innanzitutto la scuola: «Questi ragazzini» diceva «vengono addestrati, nei comportamenti quotidiani, a sviluppare una mentalità mafiosa, fatta di complicità contro le istituzioni [...] una solidarietà omertosa, in cui l'obiettivo comune è dato dall'ingannare l'uomo o la donna che è in cattedra [...] e dove gli individui, anziché perseguire il loro scopo, cioè primeggiare per merito, si coalizzano per lucrare il massimo risultato con il minimo sforzo, tradendo ogni principio etico individuale, la trasparenza dei comportamenti, la franchezza, l'onestà, il libero confronto, l'assunzione delle responsabilità».

È perché l'italiano è *familista* che non c'è meritocrazia? È la cultura del clan, è l'illegalità diffusa l'*humus* in cui prospera la raccomandazione? È la mancanza di senso civico a condannarci alla spintarella? In gran parte è così. Ma solo in gran parte.

Nella vita reale i confini tra il bene e il male non sono mai chiari come vorrebbe la morale, e in molti casi il *familismo*, così ben descritto e identificabile nei libri di testo, scolora e fa perdere le tracce dei suoi confini una volta che se ne cercano le tracce nella realtà.

Alcuni sociologi[6] hanno contestato le tesi di Banfield, e pur riconoscendo l'esistenza di uno specifico legame all'interno dei gruppi in Italia, e senza nasconderne gli aspetti deteriori, hanno preferito sottolinearne la carica positiva, l'utilità che questo particolare senso di appartenenza può comportare anche per la collettività. Tornando all'esempio riportato da Berselli in *Post Italiani*,[7] è certamente vero che l'idea di primeggiare per merito il più delle volte mette in imbarazzo lo studente italiano, e di certo non lo aiuta a integrarsi nel gruppo di chi si organizza a *lucrare risultati col minimo sforzo*, cioè, con ogni probabilità, la maggioranza dei suoi compagni. Ma è davvero *mentalità mafiosa* quella che spinge i ragazzi a solidarizzare contro i professori? È *solidarietà omertosa* ingannare chi sta dietro la cattedra? È *tradire la trasparenza, l'onestà, la franchezza* e quant'altro copiare i compiti invece che farli a casa? Anche andando oltre gli alti toni della denuncia, è difficile dire su quanta parte del discorso si possa essere d'accordo. Io almeno non so dirlo con certezza: se non altro perché il compagno di classe che non aiuta gli altri (anche nell'emergenza) a me non è mai piaciuto, così come mi convince poco lo studente che accetta senza senso critico l'autorità dell'insegnante. È pur vero, però, che a copiare i compiti non si va lontano, e che se l'insegnante insegna è perché lui ha qualcosa da insegnarti, e tu molto da imparare.

Facciamo ordine. È vero che il sistema dei valori italiano sembra essersi capovolto, con la virtù e l'onestà passate in coda, e la furbizia e l'abilità a guidare il gruppo. Ma la complicità, ad esempio, non è necessariamente un male: può essere intesa anche come solidarietà, come amicizia. È innegabile che parte della nostra cultura sia intrisa nel valore del gruppo, della solidarietà tra pari che (se malintesa) può facilmente tracimare nell'omertà e nel *familismo* che abbiamo definito *amorale*. Se correttamente inteso, però, questo senso del gruppo, questo afflato di solidarietà, questa capacità di guardare l'autorità con un certo distacco possono dare al nostro Paese una marcia in più. E forse tracce di questa marcia in più si possono intravedere anche nella solidarietà tra studenti impreparati, o persino tra le righe dei legami forti tratteggiati da qualche sceneggiata napoletana.

Non credo che il Paese migliorerebbe, né penso che il merito farebbe molta strada in più se i primi della classe denunciassero i compagni che chiedono loro di *passare* il compito.

Lo spirito di squadra

Ogni problema impone una soluzione diversa. Non si può guarire il *mal di merito* italiano trasformando la Penisola negli Stati Uniti d'America, o chiedendo ai nostri concittadini di recitare la parte degli inglesi, francesi, tedeschi o svedesi. L'Italia è l'Italia, e, tra l'altro, c'è da esserne orgogliosi.

Anche perché se tradissimo noi stessi perderemmo il vantaggio che ci dà quella parte della nostra cultura: se non porta a infrangere le leggi stabilite dalla collettività, avere a cuore i propri amici o tenere alla propria famiglia non è un male. L'Italia è la terra dell'Arte, della Letteratura, del Diritto e anche di quel sentimento forte che lega i componenti dei suoi nuclei di base, e che solo se malinteso trascolora in familismo e *guapparia*. Se non confligge con le regole condivise e se non danneggia la vita degli altri, custodire dentro di sé una disciplina, un codice, un senso morale che ci unisce alle persone a noi più vicine non è un male. In tutte le situazioni in cui un gruppo si trova a competere con altri gruppi, riuscire a creare uno spirito di squadra è essenziale: noi italiani lo spirito di squadra lo abbiamo nel sangue. Dobbiamo solo gestirlo, educarlo, domarlo e *civilizzarlo*, nel senso letterale di renderlo *civico*.

Quando si interviene sulla cultura di un Paese non si può operare con l'accetta: definire a tavolino quello che è bene e quello che è male, trascriverlo magari in un editoriale o esporlo animatamente in un talk show, chiedendo poi al Paese di farne tesoro è inutile e dannoso. Invertire il sistema di valori che attualmente premia il più furbo, in modo che siano merito e impegno a essere apprezzati, è invece un'opera lunga, profonda, di struttura. Probabilmente è giusto, ma sicuramente non è sufficiente bollare determinati comportamenti come «moralmente esecrabili» bombardare di editti etici gli italiani, fare sarcasmo su di loro, piegarli alla «giusta via», insegnare loro come si dovrebbe vivere nel mondo dei giusti a suon di direttive morali o di sputtanamenti esemplari. Le pratiche centenarie, che come vedremo nascono dalla storia e dalla cultura di ognuno di noi, non si sconfiggono con il moralismo, né traggono grosso vantaggio dall'istituzionalizzazione della gogna. Denunciare le singole ingiustizie serve ed è giusto, ma è più importante lavorare perché ingiustizie non ce ne siano più; non serve nemmeno cacciare il potente di turno, se a prendere il suo posto è qualcuno a lui simile. O di lui peggiore.

Non si sostituisce l'italiano esistente con un *italiano nuovo* creato nel laboratorio degli editoriali dei quotidiani o nelle teste degli tanti Maestri Morali del nostro tempo: per cambiare un Paese bisogna investire in strumenti adeguati, che sappiano trasformare, nel tempo, un modo diffuso di pensare. E per far questo bisogna riformare uno a uno, dal principio, i gradini della nostra formazione.

3
Guarire dai luoghi comuni

Abbasso le nonne

Per un breve periodo mio figlio ha avuto una baby-sitter peruviana. Angelina è una ragazza molto in gamba: 24 anni, madre di un bambino di 8, era partita dal Perú a 18 anni, lasciando a Lima la madre e il figlio di 2. In sei anni si è costruita una posizione, si è fatta raggiungere da madre e figlio, ha preso in affitto una bella casa e si è trovata un nuovo lavoro. Il figlio è un ragazzo molto sveglio, intelligente, che si è integrato in fretta nella nuova realtà, anche se non vedeva la madre da qualche anno. Quando è finalmente arrivato in Italia, ho domandato al compagno di Angelina, un giovane argentino, come gli sembrasse, e lui mi ha risposto secco: è forte, ma è il classico bambino che ha passato troppo tempo con la nonna.

Voi li sapete riconoscere i bambini che passano troppo tempo con la nonna? Probabilmente no, perché sono tutti i bambini italiani.

Ma facciamo un passo indietro: da dove si inizia per cambiare il modo di pensare di una nazione? Si inizia dal principio, cioè dall'asilo. «A 15 anni il tuo destino è già segnato» ci spiega l'economista Massimo Baldini «bisogna intervenire prima, perché il Paese è bloccato essenzialmente dalla mancanza di opportunità. Bisognerebbe aumentare le opportunità dei bambini e dei giovani, investendo nella scuola sin dai primi anni di vita». La scuola italiana oggi non è selettiva, premia i figli dei ricchi che (magari) non hanno voglia di studiare e penalizza i figli dei poveri che (magari) sono bravi, ma sono soli, senza aiuto, senza sostegno. Se la preparazione è scarsa, minore è la possibilità di migliorare il proprio status sociale. «Nei Paesi dove c'è una maggiore mobilità sociale, i Paesi del Nord Europa, la Francia, la Germania, la Danimarca, la Svezia, c'è anche un'alta qualità della formazione scolastica» continua Baldini. «Questo a partire sin dall'asilo nido, dove ci sono strutture che aiutano a crescere il bambino da subito in un contesto stimolante.» Da noi gli asili nido sono pochi, molto pochi, e i bambini (specialmente se non possono permettersi altro) finiscono spesso dalle nonne, un contesto non sempre granché stimolante, spesso protettivo all'eccesso. Chiaramente a potersi permettere alternative sono le famiglie più benestanti, mentre alle altre non resta che alternare al favore dei nonni qualche ora davanti alla televisione.

All'estero i bambini vengo accolti in strutture pensate per migliorarli e stimolarli, e mamme e nonne sono le prime a esserne felici. «In questi Paesi» conclude Baldini «c'è un welfare che spende molto per i bambini, che investe in loro da subito: un euro speso per un corso di formazione professionale vale molto meno di un euro speso per un asilo nido.»

Abbasso la scuola

Io so bene cosa farò quando dovrò iscrivere mio figlio a scuola. Chiederò in giro qual è la sezione migliore dell'istituto, e se possibile farò domanda per inserirlo in quella: lo hanno fatto tutti e lo farò anch'io, e non c'è nulla di male. L'unica cosa che non va è che i professori della sezione indicata da tutti come la migliore guadagnino come i colleghi della sezione che mi diranno di evitare a ogni costo. Quale stimolo può avere un docente che viene valutato in questo modo? Ma ancora, come può organizzarsi un istituto che non può premiare i migliori e che deve tollerare i peggiori? E infine: come posso aiutare gli studenti più deboli se non si innesca un meccanismo che spinga il docente a recuperarli? Perché, ad esempio, non viene premiato il professore dello studente che supera a pieni voti l'esame di una commissione esterna?

Prendiamo la scuola: in Italia il titolo di studio si eredita. Il nostro sistema scolastico non riesce a porre riparo alle disuguaglianze sociali, se è vero che i numeri mostrano come, anche se la scuola è pubblica, il grado di istruzione e il reddito delle famiglie di provenienza rimangano determinanti nel definire le sorti di uno studente: solo i genitori istruiti riescono a guidare i propri figli verso gli studi e le professioni migliori. Se sei ricco ce la fai, spesso anche se non meriti. Se sei povero, non ce la fai. Spesso anche se meriti.

Due sociologi, Gabriele Ballarino e Daniele Checchi,[1] hanno studiato a fondo il sistema scolastico italiano, lo hanno comparato con quello di altri Paesi e hanno scoperto, ad esempio, che nel nostro Paese il figlio di un laureato ha il 25 per cento di probabilità in più, rispetto al figlio di un diplomato, di proseguire (dopo le medie) gli studi in un liceo. Se si considera poi che l'85 per cento degli studenti di un liceo intende proseguire gli studi all'università, contro il 34,50 per cento degli studenti degli istituti tecnici e il 15,9 per cento degli iscritti alle scuole professionali, si arriva tranquillamente a dire che in Italia si laureano soprattutto i figli dei laureati, e si diplomano i figli dei diplomati. Tra i nati negli anni Settanta, il 30 per cento di coloro che hanno un padre col diploma di scuola media raggiunge il titolo di scuola media, quasi il 60 per cento consegue il titolo di scuola superiore, meno del 10 per cento arriva alla laurea.[2]

Nel 2005 solo il 37,5 per cento degli italiani con un'età tra i 25 e i 64 anni avevano almeno un titolo di scuola secondaria superiore, un valore inferiore di circa 8 punti alla media dei Paesi Ocse. Ancora più elevato il gap se si pensa alla quota di laureati, che in Italia raggiungeva appena il 12 per cento, la metà della media dei Paesi dell'Ocse. I tassi di abbandono dell'università sono pari al 60 per cento, quasi il doppio rispetto alla media dei principali Paesi industriali. L'incidenza dei laureati che conseguono un titolo di specializzazione post laurea ci colloca quart'ultimi nella classifica Ocse.

Se parliamo di adolescenti il discorso non cambia: in troppi non frequentano la scuola, e quelli che lo fanno mostrano maggiori difficoltà nell'apprendere rispetto ai loro coetanei europei: nel 2004 solo 76 ragazzi su 100 conseguivano il diploma, un valore tra i più bassi nel confronto con i Paesi avanzati. L'Ocse certifica che gli studenti italiani alla fine della scuola dell'obbligo si collocano agli ultimi posti dell'apprendimento della matematica, mentre se si considera la capacità di valutazione di un testo, la quota di studenti con risultati insoddisfacenti si colloca in Italia su livelli nettamente superiori alla media dei Paesi europei. E forse è tristemente inutile specificare che le cose vanno peggio al Sud che al Nord.

Ma oltre al danno c'è la beffa: l'Italia spende più della media Ocse per ogni studente della scuola dell'obbligo, e anche per ogni studente della scuola secondaria.

Spendiamo più degli altri, otteniamo meno.

Abbiamo il più alto rapporto numerico tra docenti e studenti: in Italia ogni 100 alunni abbiamo 9,4 insegnanti delle secondarie, 9,2 delle elementari, mentre la media Ocse è 7,4 e 6,1. Certo, ad alzare la media italiana sono l'ampia assistenza agli studenti diversamente abili e le scuole dei piccoli centri, ma il divario con gli altri Paesi è talmente elevato che la popolazione della nostra nazione dovrebbe essere più preparata delle altre, non meno.

La scuola deve formare un individuo perché possa mettere a disposizione della società i suoi talenti: poco colti, poco preparati, gli italiani si affacciano invece sul mercato del lavoro insicuri e ansiosi. I migliori, sfiduciati.

Mettiamoci nei panni del figlio di un operaio. Ha lo stesso titolo di studio del suo amico, figlio di un avvocato. Quest'ultimo, grazie alla rete di conoscenze messa in campo dai genitori, può proseguire gli studi fuori sede, oppure trovare un lavoro più interessante, meglio retribuito di quello che trova lui: che incentivo può avere il figlio dell'operaio a proseguire i suoi sforzi negli studi?

Ma ancora domandiamoci: quanto costa al figlio di una colf studiare all'università? Non pensiamo alle tasse e ai libri, pensiamo al mancato incasso del salario legato al lavoro cui ha rinunciato per studiare. Sono domande importanti, perché un sistema che non permette di migliorare la propria condizione è un sistema che non funziona.

Ricordate lo schema base dello scambio centrato sui favori e sui ringraziamenti? Il raccomandato ha un oggettivo bisogno, il raccomandante ha un'oggettiva convenienza. In Italia sono in tanti ad aver bisogno di una raccomandazione perché il livello del Paese è drammaticamente basso.

Ricordate Ugo Fantozzi sul lettino dello psicanalista? Parlava per ore, poi si alzava e confidava al suo interlocutore: «Adesso sto meglio, mi sentivo proprio schiacciato dal mio complesso di inferiorità». «Noo» rispondeva rassicurante il terapeuta «lei non ha nessun complesso di inferiorità. Lei *è* inferiore!»

Abbasso il lavoro

Anche il lavoro è formazione. Se cerchiamo le ragioni che frenano la meritocrazia in Italia non possiamo dimenticare che un serio ostacolo allo sviluppo della stessa è rappresentato dalla mancanza di opportunità. È rappresentato dalla poca occupazione, dalle poche possibilità che si hanno di trovare e cambiare lavoro.

Prendiamo il fenomeno del precariato. Se l'Italia fosse un Paese ricco di opportunità, la flessibilità sarebbe un'occasione per far valere il merito, dal momento che il lavoratore potrebbe utilizzare le proprie competenze per cambiare impiego e sfruttare il proprio potere contrattuale. Dal momento però che il lavoro non c'è (o ce n'è poco) la flessibilità altro non diventa che precariato, portando con sé frustrazione delle motivazioni e ridimensionamento delle speranze.

Per gran parte degli anni Novanta si è spiegato alle nuove generazioni che la professionalità si sarebbe sviluppata anche grazie alla flessibilità, alla possibilità cioè di cambiare più datori di lavoro nel corso della propria vita, cosa che avrebbe permesso al lavoratore di accrescere la sua preparazione e il suo *know how*, garantendogli un maggiore potere contrattuale sul mercato del lavoro.

Col tempo si è scoperto che il problema dei giovani in Italia non era *cambiare* lavoro, era *trovare* lavoro. Così la condizione di temporaneità dell'impiego si è rivelata essere non un'opportunità, ma una condanna. Il lavoro temporaneo non era *una* scelta, era in realtà l'*unica* scelta, e la flessibilità non era la condizione attraverso la quale si entrava nel mercato del lavoro, era la condizione definitiva cui ci si doveva adattare se si voleva uno stipendio. *Hire and fire* si dice in America: assumi e licenzia. In Italia ci limitiamo a licenziare. La flessibilità dovrebbe essere la forza di un lavoratore, la sua *chanche* di spostarsi in un altro impiego e strappare un migliore trattamento economico. In Italia si è invece trasformata nel simbolo della sua debolezza.

Portato a compiacere il superiore da cui dipende il rinnovo del contratto, chi vive nel precariato difficilmente può accrescere il suo bagaglio di conoscenze, o di competenze. In genere anzi i lavoratori precari sono impiegati in mansioni inferiori a quelle cui potrebbero aspirare, e quindi tendono a disperdere il loro sapere, non ad incrementarlo.

Il discorso su come trasformare la precarietà in flessibilità, su come tutelare e garantire i lavoratori che accettano contratti a tempo determinato ci porterebbe troppo lontano. Limitiamoci qui a ricordare quello che abbiamo detto all'inizio del nostro percorso: più opportunità di lavoro ci sono, maggiori sono le possibilità per un cittadino di farsi largo grazie alle proprie capacità. Minori opportunità di lavoro ci sono, maggiore è il potere di chi le gestisce.

Il quartetto d'archi e la catena di montaggio

Nella notte dei tempi Romano Prodi spiegava l'economia su *VideoMusic*. Sembra pazzesco, ma è così: faceva il divulgatore. Lo ricordo in maniche di camicia, circondato da *giovani* che facevano *i giovani*, qualcuno seduto per terra, qualcuno scomposto su una panca. Il moderatore poteva essere Rick o Clive, uno insomma tra i due pionieri *vj* della prima emittente musicale italiana. Ricordo bene una domanda: quali sono gli studi che assicurano il posto di lavoro? Prodi rispose più o meno così: un quartetto d'archi rimarrà sempre composto da quattro persone che suonano il violino: così era duecento anni fa, così sarà tra duecento anni. Una catena di montaggio cinquant'anni fa era composta da dieci persone, oggi da cinque, domani non ci sarà più nessuno. Studiate, specializzatevi, e un posto lo troverete sempre. Non studiate, e rischierete sempre di perdere il lavoro.

Morale delle favola: sono lo studio, il perfezionamento, la qualità a fare la buona occupazione.

Secondo l'ultimo rapporto Excelsior, su 100 neoassunti nel mondo dell'industria i laureati sono solo 6. Attenzione, però, perché si tratta di una media: nelle imprese farmaceutiche sono il 70 per cento, il 36 per cento in quelle chimiche, il 27 per cento nelle telecomunicazioni, il 13 per cento nelle industrie meccaniche. Ad abbassare la media sono le imprese edili, 1,6 laureati ogni 100 assunti, percentuale fisiologica per il settore.

Le imprese hanno (e avranno sempre di più) bisogno di laureati, questo è sicuro. I più ricercati sono i laureati in Economia, gli ingegneri, i laureati in materie scientifiche in genere e i tecnici di livello intermedio. Nel 2006 sono stati assunti 39.370 dottori in economia, 32.000 ingegneri e solo 3820 professionisti dell'insegnamento e della formazione.

Un ultimo particolare, alle imprese in genere non interessa il «pezzo di carta»: non basta laurearsi, bisogna vedere dove ci si è laureati, attraverso quali studi e con quali meriti. C'è università e università, questo non possiamo più nascondercelo.

Abbasso le università

Ho sentito in tv che ai giovani che si avvicinano al mondo della danza viene suggerito di «cominciare dall'alto». Bisogna prima provare a entrare nelle scuole tipo Teatro dell'Opera, o alla Scala di Milano: fallito l'ingresso nelle scuole più titolate, restano aperte tantissime possibilità per sfruttare la propria passione o il proprio talento, e magari, se si vuole, tentare di nuovo l'esame di ammissione alle scuole più blasonate. Se invece si inizia dal basso, se si comincia col frequentare scuole poco attrezzate, si rischia di perdere tempo, disperdere talento, e magari arrivare a quelle migliori quando ormai è troppo tardi per dare la giusta impostazione, e i difetti non sono più correggibili.

Abbiamo parlato a lungo di questo mondo, e c'è poco da aggiungere al quadro desolante che è stato fatto. È il momento di domandarsi: a cosa serve l'università? Su questo in effetti bisogna chiarirsi. Perché se serve solo a dare una cultura agli studenti, è una cosa, ma se serve anche a selezionare la classe dirigente del Paese è un'altra. Se vogliamo che diventi un vivaio dove andare a pescare i più bravi (sia che servano all'impresa, sia che servano al sindacato, alla politica, alla pubblica amministrazione o alle libere professioni) allora la dobbiamo organizzare in modo che accolga sì gli iscritti, ma che poi li selezioni, li prepari e li esamini, per restituirli infine a un Paese che li sappia utilizzare al meglio. In Italia abbiamo un sistema universitario di massa, ma paradossalmente l'uguaglianza di opportunità all'accesso agli studi universitari ha abbassato la qualità degli studenti che arrivano a laurearsi. Un paradosso: entrando più persone dovrebbero aumentare anche i talenti espressi. Ma è questo che serve al Paese? Solo che tutti si iscrivano? Per permettere a tutti di iscriversi, in Italia si tengono le tasse su un livello medio basso, eppure le statistiche dimostrano che i laureati sono soprattutto i figli delle classi agiate. Ma non solo.

«In Italia» scrive l'economista Stefano D'Anna «29 anni è l'età media del primo appuntamento con il lavoro. I nostri dottori arrivano (quando arrivano: perché tra gli altri, abbiamo anche il primato degli abbandoni), 6 anni più tardi dei loro colleghi europei. Partono alla stessa età ma la loro corsa è lunga mediamente 7,9 anni. A quelli che non hanno un'azienda paterna pronta ad accoglierli, bisogna aggiungerne 2 o 3, mediamente, per trovare lavoro. I nostri laureati non hanno coetanei. Secondo gli ultimi dati Istat, il 50 per cento dei laureati in giurisprudenza dopo 3 anni sta ancora cercando il primo impiego. Con i loro 27,4 anni, i laureati italiani sono i nonni del sistema universitario occidentale. Con ogni probabilità è un primato mondiale. Di certo, nel club planetario dei Paesi più industrializzati del mondo, come appare dalle statistiche ufficiali della Ocse, non c'è nessun altro che possa vantare un "tempo di lavorazione" di tale lunghezza. Se paragonassimo l'università a un'industria [...], potremmo dire che l'Italia impiega 6 anni in più della media di tutti i partner europei ad arrivare sul mercato col suo prodotto. E 3 anni per trovare un acquirente. Quando poi il prodotto viene testato si scopre che bisogna ancora lavorarci altri 2 anni per vederlo funzionare. Se fosse stata un'industria automobilistica, di elettrodomestici, della moda, dello sport, della comunicazione, quanto tempo avrebbe potuto resistere in queste condizioni? Sarebbe fallita da un pezzo.»

«All'università» scrive ancora l'economista bocconiano Roberto Perotti[3] «vanno soprattutto i figli dei ricchi, anche se è finanziata dalla fiscalità generale: i poveri devono accettare poi quello che passa l'università locale, mentre i figli dei ricchi possono sempre supplire con un master a Londra, o con l'azienda di papà.» In realtà al Paese servirebbe che tutti avessero l'opportunità non solo di iscriversi, ma anche di diventare classe dirigente.

L'università di chi?

Mio cognato è dentista. Racconta che all'università erano cinque amici: tre di loro erano figli di dentisti e, sapendo che avrebbero ereditato lo studio del padre, si laurearono lentamente, senza patemi d'animo, accettando anche voti bassi agli esami. Mio cognato e il suo collega ci misero il minimo di tempo necessario e terminarono gli studi col massimo dei voti, dal momento che sapevano bene che i problemi veri sarebbero iniziati una volta laureati, con lo studio da avviare, i locali da affittare, la clientela da conquistarsi. Per i figli di dentista la strada era spianata, per gli altri ogni passo verso la professione sognata era una battaglia.

È difficile proporre una riforma delle università che dia la sicurezza del risultato. Di certo non sembra funzionare l'ottica secondo cui i concorsi (nazionali o locali che siano) assicurano ottimi professori a tutte le università. «La realtà» scrivono Alberto Alesina e Roberto Perotti «è che se un dipartimento vuole assumere un candidato incapace lo riesce sempre a fare, qualunque siano le complesse regole dei concorsi pubblici.» I due studiosi propongono di dare la possibilità di assumere i docenti, nella più assoluta libertà: «La qualità dell'università non si può garantire con i regolamenti, ma con un sistema in cui le università che nominano professori incapaci ne subiscano le conseguenze». Assumi solo figli di baroni, non assumi quelli che possono preparare meglio degli altri gli studenti? Peggio per te, la laurea della tua università risulterà screditata, avrà meno appeal delle altre sul mercato del lavoro, e gli studenti non si iscriveranno più. L'ateneo dovrà rivedere i suoi standard, oppure fallirà: Alesina e Perotti propongono infatti un sistema che incentivi la selezione dei professori migliori, basato su borse di studio distribuite anche in rapporto al reddito, borse messe a disposizione degli studenti che potrebbero decidere in quale università «investirle». Le migliori vedrebbero premiate le loro scelte, le peggiori si vedrebbero costrette a rivedere le proprie.

Fiorella Kostoris[4] sogna «dieci, quindici università eccellenti in cui si entra per merito, si versano rette altissime, si studia con estremo impegno e profitto e si garantisce la copertura dei costi anche a quelli che non possono permettersi di pagarli». Semplice e chiarificatrice la domanda che si pone Giuseppe Pennisi,[5] docente alla scuola di pubblica amministrazione: «Ma come può formare un'élite un sistema in cui la laurea presa a Foggia e quella alla Bocconi sono la stessa cosa?».

In Inghilterra, Tony Blair ha liberalizzato le tasse: le università con offerte formative migliori hanno finito per far pagare di più, quelle meno brillanti hanno proposto tariffe più a buon mercato. Un programma molto ampio di borse di studio (sponsorizzato anche dalle più alte iscrizioni pagate dai più benestanti) ha garantito l'accesso agli studenti meno fortunati.

La discriminazione non è scomparsa, ha cambiato criterio: le università migliori non spettano ai più ricchi, ma ai più bravi, le peggiori non spettano ai più poveri, ma a chi ha un basso rendimento negli studi. È giusto? Difficile dirlo. Di certo il principio ha dei pro e dei contro: potendo contare sulle borse di studio, tutti possono aspirare a una laurea con i fiocchi, anche se, con questo sistema, il figlio (somaro) del ricco continuerebbe a potersi permettere l'università che il figlio (somaro) del povero non potrebbe permettersi. Insomma, c'è ancora differenza tra *somaro* e *somaro*, ma per quelli bravi (ricchi o poveri che siano) le pari opportunità sembrerebbero assicurate.

È difficile disegnare a tavolino un sistema universitario che funzioni a perfezione, ma di certo qualcosa, in Italia, dobbiamo inventarci: noi i migliori li affossiamo.

Abbasso i dottorati

In Italia può entrare facilmente una cittadina extracomunitaria che voglia fare la modella, o un cittadino extracomunitario rappresentante del clero. Nessuna agevolazione sui visti di ingresso ai ricercatori stranieri che (per qualche misteriosissimo motivo) volessero venire in Italia ad approfondire i propri studi: per loro (diversamente da quanto succede per modelle e clero) non sono previste procedure semplificate per ottenere i visti di immigrazione.

Parliamo di casi «di scuola», poniamo domande retoriche: non c'è un motivo al mondo per cui un indiano, un cinese, un pakistano dovrebbero venire a studiare in Italia. Gli stranieri, noi, li teniamo lontani, per non avere seccature: la torre d'avorio dei baroni italiani va tenuta ermeticamente chiusa, perché basterebbe una piccola crepa aperta dal merito per far crollare tutto.

Cosa è la ricerca? La ricerca è il tempo che un Paese si concede per studiare un nuovo modo di risolvere i problemi, un modo più veloce, più efficiente, più conveniente di quello in uso: la ricerca è la strada che si percorre se si vuole migliorare. Il Paese che può contare sui ricercatori migliori, su quelli più preparati e motivati, ha maggiori possibilità di crescere e di vedere aumentare la qualità della vita dei propri cittadini. In Italia i ricercatori sono pochi, vecchi e demotivati.

L'Italia della ricerca è un mondo chiuso, un sistema che non attrae i cervelli stranieri e che invece fa fuggire gli italiani migliori. Dopo Turchia e Messico l'Italia[6] è il Paese con minor numero di titoli di Ph.D. rilasciati per ogni milione di abitanti: 60 contro i 400 della Svezia, i 250 del Regno Unito, i 290 della Germania, i 170 della Francia. Solo lo 0,06 per cento della popolazione italiana di età compresa tra i 25 e i 34 anni è in possesso di un titolo di dottore di ricerca, contro lo 0,17 per cento della Germania e lo 0,13 per cento del Regno Unito. Meno di 2 occupati su 1000 nell'industria sono ricercatori, contro i quasi 4 della media europea e i 9 degli Stati Uniti. La Commissione europea ha analizzato il livello degli atenei conteggiando l'impact factor: ci sono 22 università europee con una performance superiore alla media mondiale, nessuna di queste è italiana.

Fabio Pammolli è un giovane economista dell'Università di Firenze, direttore della Scuola di dottorato Imt di Lucca. All'Imt hanno fatto un esperimento: hanno bandito un concorso per ricercatori in base alle regole standard dei concorsi europei. Nessun bizantinismo all'italiana, eliminati tutti i trucchi che solitamente servono a pilotare l'esito del concorso. Risultato: «Hanno vinto un brasiliano e un taiwanese, che venivano dagli Usa e dalla Francia». «L'Italia» ci spiega Pammolli «è fanalino di coda anche per quanto riguarda la capacità di attrazione degli studenti, sia a livello universitario sia a livello dottorale.» È ultima nell'area industrializzata per percentuale di studenti stranieri iscritti a programmi di dottorato: lo 0,1 per cento contro il 40 per cento della Svizzera, il 32 per cento del Belgio, il 28 per cento del Regno Unito, il 27 per cento degli Stati Uniti. In questa graduatoria, importante per capire l'attrattività e l'apertura dei nostri programmi di dottorato, ci battono persino Messico, Repubblica Slovacca, Turchia e Corea. Solo lo 0,3 per cento dei laureati residenti in Italia viene dall'estero, mentre per quanto riguarda la percentuale di stranieri con titoli post laurea impegnati in attività lavorative, l'Italia non compare neppure nelle statistiche, perché i valori sono «non significativi e trascurabili». Al contrario, tra il 3 e il 5 per cento dei neolaureati lascia, dato tanto più significativo se si pensa che a fuggire sono i migliori. Il tasso di emigrazione italiano è infatti più elevato proprio tra i laureati delle migliori università e nelle aree più rilevanti per la ricerca e per la crescita economica: informatica, ingegneria, scienze della vita, economia, management.

Inutile sottolineare che il resto del mondo (avanzato) non funziona così. Basti pensare che il 30 per cento degli amministratori delegati in possesso di Ph.D. delle nuove imprese high-tech nella Silicon Valley sono nati in India o in Cina, oppure basti sapere che l'80 per cento dei circa 850.000 indiani e il 54 per cento del circa un milione di cinesi residenti negli States sono in possesso di laurea o dottorato.

Ma allora a chi serve il sistema italiano, quali esigenze soddisfa? Il ricercatore che non deve pubblicare in proprio, ma che deve per anni dimostrare gratitudine e deferenza al barone di riferimento serve per l'appunto solo al barone di riferimento, serve a chi vive nel e del sistema, serve a chi (coltivando l'ignoranza e mortificando il merito) può mantenere e persino aumentare il proprio sterile potere.

www.laureahonoriscausa.it

Vuoi una laurea honoris causa? In Italia c'è persino un sito internet. Ci vai, clicchi su «chi siamo» e scopri che il Gruppo Centro Servizi opera sul territorio nazionale esercitando i suoi compiti statutari: «Svolgimento delle pratiche per ottenere il conseguimento delle lauree honoris causa presso gli Istituti di Studio italiani e stranieri». Il sito si offre, in forma strettamente riservata, di seguire le pratiche di chi desidera ottenere la laurea honoris causa: «Si precisa» si legge nel sito «che la presentazione del Candidato, la predisposizione, l'inoltro della pratica e il mantenimento dei rapporti con l'università fino all'esito della domanda è completamente gratuito. L'intero servizio effettuato dal Gruppo Centro Servizi verrà retribuito unicamente nel caso in cui il Candidato avrà ottenuto la laurea per la quale ha inoltrato la richiesta. Invii al Gruppo Centro Servizi il modulo compilato. Entro 30 gg. saprà gratuitamente se ha i requisiti per ottenere la laurea honoris causa. Per entrare senza alcun impegno nelle graduatorie delle domande di assegnazione, La invitiamo a rispedirci il modulo il più presto possibile, in quanto il numero delle lauree ad honorem che le facoltà rilasciano è limitato». E per fortuna, almeno questo!

Il sito specifica poi che le lauree vengono rilasciate da università americane, con cerimonia a New York, ma che «considerata l'attuale situazione internazionale e i relativi disagi per un eventuale viaggio aereo, la partecipazione alla cerimonia ufficiale è facoltativa e si può richiedere il conferimento della laurea nella sede del Gruppo Centro Servizi di Bologna».

Ma cosa è, in teoria, la laurea honoris causa? È un titolo accademico straordinario, assegnato a un individuo, che pure non abbia superato gli esami richiesti, come riconoscimento alla sua esperienza e alla conclamata competenza in un determinato campo del sapere.

Nel 2007 il ministro dell'Università ne ha bloccato il conferimento. La miriade di università italiane, nei primi mesi del 2007, ne aveva concesse già 95.260 nel 2006. Lo stop è arrivato mentre la figlia di un noto imprenditore festeggiava l'honoris causa che le aveva appena conferito l'Università di Torino. Aula Magna gremita di parenti e amici, festa al ristrorante, tutto reso inutile dalla mancata approvazione del ministro: la laurea honoris causa, senza la bolla ministeriale, non vale. Ma perché – è lecito chiedersi – se il ministro l'avesse avallata, sarebbe valsa qualcosa? Basta la firma di un politico a dare valore a una cosa che non ne ha?

La giovane imprenditrice è stata comunque davvero sfortunata: in Italia sono riusciti a incorniciare una laurea honoris non solo Dubcek, Mitterand e il Dalai Lama, ma anche Valentino Rossi, Roberto Formigoni, Giovanni Rana e Vasco Rossi.

L'honoris causa viene ormai consegnata con estrema facilità: è un modo per fare pubblicità all'università, per ingraziarsi qualche potente che potrà sempre tornare utile. Uno strumento che doveva servire per indicare i più meritevoli viene utilizzato per la convenienza immediata di chi ha il compito di gestirlo.

Un classico dell'italianità peggiore.

4
L'erba del vicino

Le origini del merito

Ma cosa frena la meritocrazia in Italia, perché da noi non si è sviluppato il rispetto per la capacità e per il talento che sembra invece essersi sviluppato nel mondo anglosassone? Giuseppe De Rita[1] mette sotto accusa il sistema formativo, in particolare «la scuola pubblica, che ha livellato tutto al ribasso», e l'economista Fiorella Kostoris[2] sottolinea come in Italia l'idea dominante sia quella di «proteggere chi il merito non ce l'ha. Così il sistema garantisce tutto a tutti, e il risultato è che provoca la selezione avversa», cioè penalizza i migliori, invece di premiarli.

Il direttore di Glocus, Giovanni Canepa[3] cerca di andare alle radici più profonde del problema: «La cultura italiana è nel complesso scarsamente orientata alla meritocrazia. L'enfasi nella cultura cattolica tende a essere posta più sui valori di comunità e di solidarietà che su quelli di individualità e di merito, che sono più vicini alla mentalità del mondo anglosassone. D'altro canto, la tradizione culturale di matrice socialista e comunista – fortemente egualitaria – tende a leggere i processi di selezione come meccanismi di esclusione sociale, sottolineando come chi gode di una situazione sociale ed economica di privilegio sia fatalmente favorito rispetto a chi proviene da situazioni di svantaggio». Secondo Vasco La Salvia «è difficile dire perché da noi non si sviluppi la cultura del merito. Potremmo forse rintracciare alcuni caratteri forti del nostro sistema nelle corporazioni medievali: individui che esercitano la stessa attività, ereditata e trasmessa da padre in figlio, monopoli di arti e mestieri chiusi al mondo esterno, che hanno bloccato da subito lo sviluppo della concorrenza, del commercio e del libero formarsi dei prezzi». La lezione di Max Weber mette in relazione l'etica protestante e lo spirito del capitalismo, sottolineando come per Calvino la ricchezza fosse il segno della grazia divina. Non questo valore ha, di certo, la ricchezza nella cultura, ad esempio, cattolica. Lo storico Giovanni Orsina ci suggerisce però di cambiare ottica, e di esaminare la storia dei Paesi in cui la meritocrazia si è sviluppata: «È probabile» spiega «che la cultura meritocratica venga favorita dal convivere di diversi credo religiosi. Pensiamo anche solo all'Inghilterra, dove hanno convissuto anglicani, puritani e cattolici: questo ha stimolato l'idea che la società possa comporsi di una serie di percorsi individuali.»

Proviamo allora a cambiare ottica, e domandiamoci: quando nasce l'idea che il merito vada premiato? Dove nasce la meritocrazia? Non è semplice ricostruire la nascita di un concetto, dare una residenza a un principo, e secondo tutti gli storici che abbiamo interpellato un'operazione del genere non si può che affrontare col beneficio di inventario. A grandi linee possiamo dire che la Rivoluzione francese e quella americana sembrano essere tappe fondamentali nello sviluppo della cultura del merito. Semplificando al massimo potremmo dire che Francia e Usa (insieme all'Inghilterra, la cui Rivoluzione risale al 1642-1660) furono le prime nazioni che chiesero ai propri cittadini a disegnarsi da soli il proprio destino.

«L'idea del merito» spiega Giovanni Orsina «nasce quando l'individuo scopre di potersi muovere, di poter decidere e determinare autonomamente il proprio destino. Nell'Ancien Régime il merito è inutile, il futuro dell'individuo è preordinato alla sua nascita. Vige il sistema delle caste: i figli dei nobili sono destinati a essere nobili, i figli degli artigiani, artigiani. Ognuno diventa quello che nasce: solo il clero e l'esercito danno una certa possibilità di mobilità sociale, e comunque non per tutti. Certamente dalla Rivoluzione francese» continua Orsina «nasce una nuova società basata sull'individuo, dove ognuno sceglie per sé e dove il proprio destino non è stabilito dal ceto in cui si nasce. Il proprio futuro non va accettato con rassegnazione, ma può esser costruito. Ci troviamo quindi agli albori di una società che, dopo la rivoluzione, va completamente ridisegnata, un mondo in cui le gerarchie sociali tradizionali scompaiono di colpo e, di colpo, si trovano a dover essere ridistribuite sulla base di nuovi criteri. Il primo a imporsi, naturalmente, è il criterio delle capacità individuali, e quindi del merito.»

Dopo secoli di stasi, si aprono i giochi: ognuno può essere quello che riesce a diventare. La rivoluzione politica non libera solo l'uomo, libera anche l'economia, e la borghesia è la classe che meglio rappresenta questo cambiamento, che più sa interpretare lo spirito del merito individuale, che più si avvantaggerà dalla nuova mobilità sociale. Scoppiano duri scontri popolari, si acuiscono nuovi conflitti tra interessi, prende piede l'idea ugualitaria, «giacobina», basata sul concetto di collettività e sulla neccessità di assicurare a tutti l'indipendenza dai bisogni.

«Questi due percorsi» spiega Orsina «si sviluppano diversamente, quello più liberale, più meritocratico se vogliamo, prende il via con le rivoluzioni industriali nell'Inghilterra del Seicento e in quella d'indipendenza americana del Settecento. Il mondo anglossassone adotterà e svilupperà il modello meritocratico più di quanto non si farà nell'Europa continentale.» L'America diventerà *La terra delle opportunità:* i pionieri faranno tabula rasa delle altre culture (sarà l'America stessa, col tempo, a denunciare che le proprie radici insistono sulle guerre che hanno cancellato la storia e la cultura dei nativi americani) e si confronteranno con una società vergine, tutta nuova, una società senza storia, basata sul *mito della frontiera.* L'uomo che deve colonizzare verso l'ovest e raggiungere il Pacifico è il simbolo del dinamismo: il cowboy solitario che conquista quello che vuole grazie alle sue capacità è l'apoteosi dell'individualismo. L'America disegnerà dal nulla le sue strutture sociali e diventerà (non solo per l'immaginario collettivo, ma, in gran parte, anche nella realtà) la terra in cui ognuno, volendo, può raggiungere gli obiettivi che si pone.

Il diritto alla felicità

La Dichiarazione di Indipendenza americana del 4 luglio 1776 si apre con la rivendicazione dei diritti naturali. A tutti gli uomini – recita il testo – vanno riconosciuti il diritto «alla vita, alla libertà e al perseguimento della felicità». Attenzione: si parla del *perseguimento* della felicità, non della felicità stessa. A ciascun individuo, secondo i padri fondatori degli Stati Uniti, va garantita l'opportunità di costruirsi la propria strada verso la felicità, la possibilità di inseguirla, non la garanzia di ottenerla. Le istituzioni pubbliche si assumono quindi il compito di tutelare la vita, la libertà e la sicurezza, mentre la felicità viene indicata come il fine ultimo che ogni cittadino è chiamato a perseguire liberamente con le proprie scelte. Ognuno in base a ciò che lui stesso ha definito come proprio concetto di felicità.

In Europa, invece, la Rivoluzione francese propone due

formulazioni diverse del diritto alla felicità. La dichiarazione dei diritti del 1789 (simile, almeno nell'ispirazione, a quella americana del 1776), parla del fine della «felicità di tutti», affidato alla libera iniziativa dei singoli. La costituzione giacobina del giugno 1793 mira invece alla «felicità comune», indicandolo come «fine della società». Si fa riferimento a un «bene pubblico» in qualche misura sovraordinato al piano personale di felicità elaborato dai singoli cittadini. Il gruppo di potere giacobino interpreterà quindi il percorso che porta alla «felicità comune» come un percorso in cui è necessaria innanzitutto la virtù, che verrà definita, insegnata e se necessario imposta al popolo.

Il mito e la realtà

Il nostro breve viaggio alle radici della meritocrazia ci ha portato quindi in Francia e negli Stati Uniti d'America. Queste sembrano essere le due nazioni che per prime hanno apprezzato il valore del merito, le due pietre di paragone che potrebbero (in teoria) schiacciare un Paese come il nostro, dove il disinteresse per il merito è diventato una patologia così grave da trasformare il dna della società civile. Ma è davvero oro ciò che luccica? Non è sempre un errore restare troppo affascinati dai miti? Ci siamo caduti spesso anche durante la nostra inchiesta: ogni volta che si deve fare un paragone, citare un posto dove le cose funzionano, dove il merito viene coltivato, se non esaltato, si fa l'esempio degli Stati Uniti d'America. E d'altro canto per anni, quando bisognava dar conto di quanto in basso fosse caduta la nostra amministrazione pubblica si è fatto il paragone con l'Ena francese, la leggendaria scuola di formazione della classe dirigente pubblica d'oltralpe. Oggi l'Ena non convince più neanche a Parigi, e il nuovo termine di paragone è diventata la *République des idées*, l'*atelier* di intellettuali che molti osservatori indicano come la nuova fucina della classe dirigente francese. In realtà il Paradiso in terra non esiste, e il mal di merito non è una malattia solo italiana, ma anche americana e francese.

È sempre difficile mostrarsi equilibrati quando si vanno a toccare degli idealtipi. Quando gli Stati Uniti vengono presentati come terra della libertà, come paradiso della meritocrazia, oppure come inferno di ingiustizie sociali e di privilegi, cosa si può fare? Si è costretti ad accettare o a respingere queste idee preconcette? O ancora, quando la Francia viene presentata come la nazione della religione laica, la nazione in cui i *commis* di Stato servono la pubblica amministrazione come i monaci servono il proprio dio, cosa bisogna fare? Bisogna crederci o contestare? Bisogna approvare o negare? Noi non vogliamo fare né l'una né l'altra cosa. Ma vorremmo offrire pochi spaccati di questi mondi, giusto per evitare che si pensi che a dare spintarelle siamo solo noi italiani, e giusto per bilanciare le tante volte che abbiamo usato questi Paesi come esempi da seguire.

Il mito dell'Ena

Nel 1945 Charles De Gaulle fondò l'Ena. L'Ecole nationale d'administration fu istituita per garantire la formazione di una nuova classe dirigente che avrebbe servito la neonata repubblica dopo la sconfitta del regime collaborazionista di Vichy. L'obiettivo era creare una classe amministrativa scelta in base a un concorso unico, in modo da affermare il principio meritocratico contro quello clientelare e della cooptazione. L'Ena esiste tutt'oggi, ha sede a Strasburgo e gode di una reputazione ormai leggendaria. Ogni anno, su 3000 candidati solamente 100 sono effettivamente ammessi. Il ciclo di formazione dura complessivamente 27 mesi, divisi in 15 mesi di studio e 12 di tirocinio, effettuati in prefetture, rappresentanze diplomatiche o organizzazioni internazionali.

Secondo Francesco Merlo[4] De Gaulle si affidò proprio al concorso «per formare molto rapidamente un'élite non sporcata dal collaborazionismo; per affidare la ricostruzione del Paese a degli amministratori e non solo a degli ingegneri; per democratizzare l'accesso alle grandi istituzioni, dalla Corte dei Conti al Consiglio di Stato, all'Ispezione delle finanze, nelle quali si entrava ancora per cooptazione. Il *grand commis* si rivelò presto "un sacerdote di Stato", come quel Philippe Raichelne che si rifugiò nel bosco di Verrières, a sud di Parigi, e si fece esplodere tirando la linguetta di una bomba a mano: non sopportava di essersi classificato solo secondo. L'enarca insomma era un asceta, e forse non solo nel senso weberiano di ascesi intramondana, di funzionario impastato nel mondo, ma mai compromesso: sempre a contatto, ma sempre al di sopra».

De Gaulle immaginò l'amministratore pubblico come un religioso laico, selezionato con cura in base ai suoi saperi, scelto con assoluto rigore tra i tanti candidati a servire il Paese. L'Ena, a oggi, ha formato due presidenti della Repubblica (Giscard d'Estaing e Jacques Chirac), sette capi di governo, otto degli attuali ministri, il governatore della Banca centrale europea Jean-Claude Trichet, e poi Martine Aubry, Lionel Jospin, Laurent Fabius, Michel Rocard, Edouard Balladur, Francois Hollande e Ségolène Royal.

Eppure l'Ena gode di miglior fama fuori dalla Francia che non in patria. Gli enarchi, come vengono chiamati gli 8200 studenti che negli anni hanno varcato la porta dell'Ecole, nel loro Paese sono considerati un po' come da noi i boiardi di Stato.

«Secondo un sondaggio realizzato lo scorso anno dall'agenzia Soufres» continua Merlo «6 francesi su 10 si dicono ancora fieri di avere una scuola come l'Ena. Tutti però considerano gli *enarchi* "troppo vicini al potere politico" e li giudicano "tronfi e imbevuti di se stessi".» Ed è un'opinione negativa che si è andata mitigando, perché ancora nel 2002 il Parlamento aveva preso in seria considerazione la soppressione dell'Ena, e Alain Juppé aveva annunziato: «È giunta l'ora che la Francia inventi qualche altra cosa al posto dell'Ena». Nel 1997 Alain Madelin aveva lanciato uno slogan, diventato famoso come un marchio d'infamia: «L'Irlanda ha l'Ira, la Spagna ha l'Eta, l'Italia ha la mafia, e noi francesi abbiamo l'Ena». Qui nessuno è profeta in patria, si sa, e probabilmente i francesi sono troppo duri con se stessi e con la propria scuola. Ma a quanto pare neanche il Grand Oral, lo storico colloquio finale di ammissione alla scuola, nemmeno la selezione più selezione di tutte salva la pubblica amministrazione dal mal di merito.

La gaffe mondiale

Nel campo delle spintarelle la più grande figuraccia del mondo l'ha fatta Jacques Chirac.

Nel dicembre 2004 il regista americano Ron Howard e il produttore Brian Grazer sono in Francia per fare casting, per selezionare cioè l'attrice francese che sarà la protagonista del *Codice da Vinci*, annunciato blockbuster tratto dal bestseller di Dan Brown. Le cose non stanno andando bene, perché tarda ad arrivare dagli uffici competenti il permesso per girare all'interno del Louvre: le scene nel museo parigino sono importantissime nell'economia del film, e regista e produzione attendono con ansia la risposta dell'amministrazione comunale. Anche perché il permesso di girare è stato appena rifiutato da Buckingham Palace, e quindi già in Inghilterra bisognerà ricorrere a soluzioni di ripiego.

Un giorno arriva sul telefonino di Ron Howard la chiamata di un collaboratore di Jacques Chirac: il presidente della Repubblica sarà lieto di incontrare regista e produttore. Howard e Grazer si preparano, si vestono di tutto punto e arrivano all'Eliseo. Lì vengono introdotti agli uffici di Chirac, che con loro grande stupore, invece di liquidarli con una stretta di mano e un sorriso davanti ai fotografi, li riceve nel suo studio privato e dialoga amabilmente. Arrivati al punto dolente, il permesso per girare al Louvre, si offre di intervenire per accelerare le autorizzazioni, poi getta la maschera: come racconterà successivamente Grazer a «Newsweek», Chirac spiega esplicitamente che «avrebbe piacere se, in cambio, il regista decidesse di affidare la parte della protagonista a un'attrice di un certo successo in Francia», che oltre a far parte delle 30 candidate al ruolo, è anche «un'ottima amica della figlia», Claude Chirac. «Un po' scherzando, un po' no» aggiunge Grazer «Chirac chiede poi di aumentare il compenso per Jean Reno, altro attore francese, già ingaggiato come coprotagonista del film.» Dopo un'ora di colloquio Howard e Grazer escono dall'ufficio di Chirac e si guardano in faccia e scoppiano a ridere. Un anno dopo (a film montato) metteranno alla berlina Chirac dalle colonne di «Newsweek».

L'immagine di Chirac in patria era da sempre compromessa. I francesi già lo chiamavano «Chirakesqu» perché, come il dittatore rumeno Ceauşescu, affidava spudoratamente incarichi (politici e non) a parenti e amici. Basti pensare che la figlia Claude, l'amica della misteriosa attrice segnalata alla major americana, era stata nominata consigliera per la comunicazione dell'Eliseo, e che la Regione di Corrèze dove l'ex presidente era nato e su cui aveva allungato palesemente i suoi tentacoli veniva chiamata Chiraquie, come dire «Berlusconia» o «Prodilandia».

Ma, a quanto pare, il clientelismo è una malattia che soffoca la Francia intera. I grandi scandali degli ultimi tempi hanno riguardato i falsi impieghi del partito neogollista, le case popolari assegnate ai Vip, gli appalti truccati da destra e da sinistra. Il saggista Pierre Tafani[5] si è occupato a lungo del «mal di merito» francese, e spiega come il *piston* (il pistone, come viene chiamata Oltralpe la spintarella) spinga indefesso il motore di tutte le attività dei francesi. «Pensiamo» scrive Tafani «alle 10 milioni di contravvenzioni "tolte" agli automobilisti amici di un vigile, un funzionario o un impiegato.» C'è poi il rapporto fra numero di rappresentanti politici (nazionali o locali) e abitanti del Paese: 510.000, su circa 60 milioni di persone, un cifra vicina a quella della nobiltà sotto l'Ancien Régime. Infine, le campagne elettorali fatte di promesse di elargizioni alle varie categorie: Edouard Balladur, in campagna contro l'allora presidente Jacques Chirac nel 1995, promise 80 miliardi di franchi ai piccoli azionisti, 3,3 agli agricoltori, fra i 15 e i 20 agli imprenditori, 721 agli editori e così via. Secondo Tafani il «do ut des», lo scambio, è alla base del patto sociale francese: in Corsica troviamo uno sviluppatissimo mercato delle preferenze, il regno del nepotismo, il trionfo dell'assistenzialismo: l'isola propone 5000 politici eletti per appena 160.000 elettori, meno di un *arrondissement* parigino qualsiasi. Non solo: quasi il 15 per cento dei seggi delle istituzioni locali viene lasciato in eredità dai padri ai figli, e gli aiuti dello Stato sono la maggior parte degli introiti degli abitanti, con una media di 260 euro a testa nel 1992, contro 84 euro della Meuse, la seconda regione di Francia più assistita dallo Stato.

Nel regno della sinistra francese, la regione della Lille, la politica di aiuto ai militanti licenziati o in cassa integrazione, il sostegno agli emarginati, ai giovani alla ricerca di un posto di lavoro, alle famiglie meno abbienti, è anch'essa – secondo Tafani – portata avanti con criteri clientelari. A Lille spetta il record di 2800 contratti di primo impiego e quello di 5000 persone mantenute a salario minimo, oltre ai 20.000 posti di lavoro direttamente o indirettamente collegati, quindi manovrati, dalla municipalità.

Il *piston*, conclude l'analista, non è né di destra né di sinistra. È assolutamente bipartisan, anche Oltralpe. Ma a cercare spigolature, qua e là per il mondo, ce n'è per tutti.

Le università degli altri

Ogni anno il settimanale «US News & Word Report» pubblica la classifica delle migliori università americane, e ogni anno in cima alla graduatoria troviamo le solite Princeton, Harvard, Yale.

Diciamo subito che queste università funzionano bene: gli studenti delle top university (quale che sia il loro status sociale) raccolgono nei test periodici punteggi migliori rispetto a quasi tutti i loro colleghi statunitensi. Se andiamo a vedere come queste università scelgono i loro studenti, scopriamo che operano una selezione durissima: nel 2006 solo il 10 per cento circa dei candidati è stato ammesso a Yale, in quella che risulta essere una vera e propria mattanza di aspiranti. Se però si va a vedere il numero di ingressi tra i figli di ex studenti il tasso di ammissione è ben più alto: il 26 per cento. Chi è figlio di un ex studente ha il doppio di possibilità di entrare rispetto alla media generale degli aspiranti. Se poi andiamo a vedere quanto costa frequentare le università il gioco è fatto: ad esempio, ogni anno Harvard chiede una retta di oltre 40.000 dollari: quasi 4000 euro al mese, un vero e proprio salasso, che certo non tutti possono permettersi.

I correttivi comunque esistono: se è vero infatti che i «pariolini» d'America entrano più facilmente a Yale, è anche vero che il sistema di borse di studio contribuisce ad alleggerire il peso economico della frequenza. Se qualcuno che non merita riesce insomma a entrare in forza del proprio pedigree, questo non toglie che molti meritevoli bisognosi riescano grazie a queste università a far fruttare (e bene) il proprio talento.

P. S. A Yale si è laureato il presidente americano George W. Bush, figlio di un ex studente, l'ex presidente George Bush. La stampa americana usa spesso questo esempio per segnalare come a Yale i figli di ex studenti non siano selezionati col rigore che spetta ai candidati «comuni».

L'uragano Katrina

Si sbaglia sempre a generalizzare, e se gli Stati Uniti sono il Paese in cui Steve Jobs ha avuto la possibilità di vivere tre vite (leggete l'*Appendice 1*, ne vale la pena!), sono anche il Paese in cui il mal di merito ha causato una delle più drammatiche catastrofi della storia dell'Occidente e forse la più grave della storia americana: l'uragano Katrina, un evento naturale gestito tragicamente male dalla protezione civile degli States. Molte delle 1600 vittime, e gran parte dei 150 miliardi di dollari di danni provocati dall'uragano sono stati imputati all'incompetenza degli uomini scelti da George W. Bush per affrontare l'emergenza.

Katrina si forma il 23 agosto 2005 all'altezza delle Bahamas, atrraversa la Florida del Sud per poi irrobustirsi fino alla categoria 5 (la massima) e abbattersi sulla Louisiana, il Mississippi e l'Alabama. I venti, che raggiungono la velocità massima di 280 chilometri orari, hanno effetti particolarmente devastanti a New Orleans, dove gli argini del Mississippi cedono e l'80 per cento della città viene allagata. L'uragano insiste su un territorio di 233.000 chilometri quadrati (più vasto dell'intera Gran Bretagna) e produce più di un milione di sfollati.

Katrina abbandona le coste americane il 31 agosto 2005, e già dal 1 settembre il capo della protezione civile Michael Brown (e con lui l'amministrazione Bush che per quell'incarico lo aveva appositamente designato) finisce sotto accusa per la cattiva gestione dell'emergenza. I soccorsi sono in effetti arrivati con ben quattro giorni di ritardo; il presidente della Camera dei Rappresentanti Nancy Pelosi ha da subito puntato il dito contro l'incompetenza di Brown, e il «Time» ha scoperto che per ottenere la nomina alla protezione civile, Brown aveva «truccato» il proprio curriculum, attestando inesistenti esperienze di gestione delle emergenze. L'ultima sua occupazione, prima di essere ripescato da Bush e messo a capo della protezione civile, sembra fosse stata quella di giudice nelle corse dei cavalli (esperienza che però si era dimenticato di citare nel curriculum). Il «Washington Post», infine, ha denunciato come Brown e il suo staff fossero stati designati da Bush in quanto, e solo in quanto, accesi sostenitori del Partito Repubblicano.

Il 9 settembre, assediato dal Congresso, bersagliato dai giornali, criticato persino dall'ex segretario di Stato Colin Powell, suo sostenitore e amico, Bush cede e rimuove Michael Brown dalla organizzazione degli aiuti, dopo averlo sino a quel momento strenuamente difeso.

L'uragano Katrina è probabilmente il più grande prezzo pagato all'incompetenza nella storia. Passata l'emergenza, resta su Bush la macchia di aver scelto degli incompetenti per un incarico così delicato, e la stampa comincia a indagare: il «Time» arriva a pubblicare l'elenco dei personaggi vicini al presidente cui sono stati dati incarichi di massima responsabilità in base alle conoscenze politiche e non alla loro capacità. Ecco che l'indice viene puntato sul numero due dell'Fda (Food and Drug Administration), l'agenzia che controlla il mercato alimentare e farmaceutico: 33 anni, ex analista di Borsa, definì una «reazione eccessiva» la decisione degli esperti di sospendere la sperimentazione clinica di un nuovo farmaco contro la sclerosi multipla dopo le gravi complicazioni manifestatesi in tre pazienti, uno dei quali era deceduto. «Sarà soddisfatto» chiosava un esperto intervistato dal «Time» «solo se faremo felice l'industria farmaceutica.» Finisce nell'elenco anche la giovane capo dell'agenzia per la sicurezza interna, 20.000 dipendenti, un bilancio da 4 miliardi di dollari, e il controllo sul sistema nervoso centrale del Paese, l'immigrazione e le dogane. In prima linea contro il terrorismo, ha competenze sul narcotraffico e sul traffico di persone e armi. La neonominata non ha alcuna esperienza nel settore, ma è la nipote del capo di Stato maggiore e la moglie del capo di gabinetto del ministro per la Sicurezza interna. Il «Time» ricorda poi l'arresto di uno dei responsabili delle spese federali, «persona dotata di ottime credenziali politiche ma nessuna credenziale di sostanza», e sottolinea come il 60 per cento degli ispettori federali nominati da Bush abbia avuto in passato esperienze nella politica. Legatissimo al presidente Usa anche l'ex presidente della Banca Mondiale Paul Wolfowitz, costretto a dimettersi dopo essere intervenuto direttamente per la promozione e l'aumento di stipendio della sua compagna, anche lei dipendente della banca.

L'epidemia internazionale

Una volta stabilito che, anche in questo campo, tutto il mondo è Paese, dobbiamo però ammettere che il termine nepotismo ha un significato ben preciso che conduce a un preciso luogo di nascita: l'Italia.

Nel Medioevo papi e vescovi che non riuscivano a tener

fede al loro voto di castità allevavano i figli illegittimi come nipoti, e in genere non li lasciavano in mezzo a una strada. I papi, spesso, li nominavano cardinali, cosa che il più delle volte serviva per assicurare la discendenza e la continuità della dinastia papale. In ogni caso la parentela con papi o cardinali era il migliore lasciapassare per la carriera di un nobile. Il nepotismo è presente in Italia in base embrionale sin dell'Alto Medioevo, e conosce un primo sviluppo nel XIII secolo, per svilupparsi poi, come pratica massiccia ed esplicita, nel Rinascimento e nell'Età moderna.

Se ci affidiamo al vocabolario, scopriamo che il termine nepotismo deriva dalla parola latina *nepos*, che significa nipote. Oggi la parola «nepotismo» significa il favorire i propri parenti in forza della loro relazione familiare invece che sulla base delle loro abilità, e nepotista è, ad esempio, il manager che assume un parente preferendolo a un estraneo più qualificato: ovviamente col tempo il legame di parentela è stato inteso in senso più ampio e figurato, fino a comprendere casi di affiliazione partitica.

Chiariamo subito: in questo campo non siamo i peggiori. In tutto il mondo l'accusa di nepotismo scatta ormai anche quando il parente di un personaggio potente ascende al livello del potente stesso: negli Stati Uniti, ad esempio, la famiglia Kennedy e la famiglia Bush sono state più volte accusate di nepotismo e a breve, probabilmente, per la prima volta sarà la moglie di un ex presidente a tornare, con ben altro ruolo, alla Casa Bianca.

Ma il nepotismo si misura anche su incarichi minori. Il principe Carlo è finito sotto accusa per aver affidato alla cognata (la sorella di Camilla Parker Bowles) la ristrutturazione di tre villette in Cornovaglia appartenenti alla famiglia reale: «Deve essere una bella spinta pubblicitaria avere contratti con il futuro re», accusò il deputato laburista Ian Davidson, chiedendo un'inchiesta parlamentare sulla vicenda.

Il governatore della California Arnold Schwarzenegger è stato accusato invece di avere assunto troppi amici, piazzandoli in posti statali, parastatali o in ogni caso vicini al settore pubblico. Qualche esempio? Il dentista di Terminator è stato invitato a far parte della commissione statale sulle cure odontoiatriche, mentre il suo chiroterapeuta personale è diventato membro della commissione di Stato che vigila anche sulle chiropratiche. In tutto, da quando si è insediato, il governatore ha assunto circa 3000 persone.

Spostiamoci in Russia, e le cose non cambiano: i giornalisti del quotidiano «Vedomosti» hanno scoperto che nelle liste dei decorati dal presidente per meriti speciali figurano Andrei e Viktor Patrushev, 26 e 62 anni, rispettivamente figlio e fratello del capo dei servizi segreti Nikolai Patrushev. Viktor lavora per una grande compagnia privata della telefonia mobile, e ha ricevuto l'«Ordine dell'amicizia» in genere riservato a chi ha dato contributi al rafforzamento dell'amicizia fra le nazioni. Ancor più scandaloso l'«Ordine d'onore» assegnato al giovane Andrei, impiegato da soli sette mesi nella compagnia petrolifera statale Rosneft, di solito attribuito per «alti risultati nel servizio statale in campo culturale, scientifico, sociale, filantropico e formativo».

Ma la difesa più appassionata e spudorata, del nepotismo è stata fatta in Svizzera dallo spagnolo Juan Antonio Samaranch, presidente del Cio, il Comitato olimpico internazionale. Nel corso di una memorabile conferenza stampa svoltasi a Losanna nel maggio del 2001 difese la proposta da lui stesso avanzata di far subentrare suo figlio Juan Antonio junior al ruolo che lui avrebbe lasciato nel luglio successivo. «Non credo» esplose Samaranch, visibilmente alterato dalle insistenti domande dei giornalisti «che ci sia qualcosa di eccezionale o di nuovo nel fatto di un figlio che subentra al padre. Mi sembra che l'esempio degli Stati Uniti sia chiaro» chiosò acido riferendosi alla famiglia Bush. L'ottantanne presidente del Cio naturalmente sottolineò come il figlio, 41 anni e il suo stesso nome, avesse «le carte in regola per avanzare la sua candidatura, dal momento che riveste da tempo l'incarico di vicepresidente della Federazione internazionale di pentathlon moderno» e aggiunse che «nella storia del Cio ci sono già stati nove casi di figli o figlie subentrati ai padri (o comunque a parenti) come membri del Comitato».

Quarta parte
La cura

1
La via al merito

Il merito e il successo

«Signora, sua figlia è bravissima, intelligente, rapida, diligente. Però, ha un difetto molto grave che va corretto subito: ha una terribile voglia di primeggiare.» Il giudizio, riportato in *Fardelli d'Italia*,[1] è stato dato da un'insegnante di una scuola media romana a proposito di una studentessa particolarmente brillante. Ma è davvero un difetto voler primeggiare? Dipende. Di certo non è un difetto voler vincere, voler farsi valere, voler raggiungere gli obiettivi che ci si è prefissi, mentre probabilmente è dannosa la voglia di primeggiare fine a se stessa, la sete di un successo ottenuto a ogni costo.

Perché una cosa è il merito, una cosa è il successo: il secondo può essere raggiunto senza il primo, e il primo non necessariamente porta al secondo. Confondere i due aspetti può disorientare, e probabilmente in Italia, al momento, non abbiamo le idee molto chiare a riguardo. Del successo senza merito non occorre parlare a lungo: con buona approssimazione (al netto dell'alea che circonda tutte le dichiarazioni perentorie) possiamo dire che è successo senza merito quello ottenuto barando (poi, certo, bisognerebbe chiedersi contro chi si è barato...).

Ma domandiamoci piuttosto: cosa è il merito? Probabilmente il merito nasce dal rapporto tra le proprie capacità e lo sforzo messo in atto per raggiungere un obiettivo. Ci si merita qualcosa quando si è fatto tutto il possibile per ottenerlo: in tal caso (a volte) arriva anche il successo, che quindi può essere, ma non necessariamente è, una conseguenza del merito, non altro.

Il merito può portare al successo anche se non si è conseguito l'obiettivo, basti pensare nello sport a quei secondi classificati che strappano più applausi dei primi, o in politica ai cosiddetti «vincitori morali» di elezioni che hanno premiato, magari per pochi voti, chi era stato effettivamente dato per favorito. Un sistema che funzioni come si deve, che voglia ricevere da ognuno quel che ognuno può dare, non deve garantire il raggiungimento dell'obiettivo a nessuno, neanche ai presunti meritevoli. Chi vince si decide volta per volta, e chi merita lo si scopre sempre alla fine.

Un sistema che funzioni come si deve ha piuttosto il compito di assicurare che ognuno, abbia la possibilità di scoprire qual è il proprio talento, abbia la possibilità di coltivarlo e di sviluppare il coraggio, la voglia e i mezzi per farlo valere.

Il talento

La colpa peggiore, per il Vangelo,[2] è proprio quella di non mettere a frutto il talento che ci è stato donato. Se anche avessimo un solo talento (cioè una moneta), e ci trovassimo a competere con chi ne ha cinque, o due, o in ogni caso più di noi, chi si lamenta del poco talento ricevuto, o maledice la propria sorte, sarà sempre e soltanto un fannullone, e per lui sarà «pianto e stridor di denti». Non ci vanno leggeri i testi sacri con i pigri. Certo, c'è anche la parabola del figliol prodigo[3] che potrebbe essere invece letta come sconcertante e folgorante esempio evangelico di immeritocrazia, ma la domanda fondamentale è un'altra: cosa è il talento?

Essenzialmente è una capacità, o meglio, una potenzialità. È una predisposizione. È quello che ognuno di noi può donare a se stesso, alla propria famiglia, alla collettività in cui vive, al mondo intero. Non possiamo che darne, naturalmente, una definizione «vuota», priva di contenuto, dal momento che non esiste un «talento» solo, ne esistono tanti quanti sono i campi in cui si possono mostrare delle capacità: insomma, le possibilità di dimostrare un talento sono infinite, e i talenti (ne consegue) pure. Ognuno di noi non può che averne almeno uno: non esiste chi talento non ha, dal momento che questa potenzialità non è definibile nel suo contenuto e che può essere qualsiasi cosa, anche quel qualcosa di cui è in possesso chi è convinto di non avere qualità.

Il talento potrebbe quindi essere definito come una potenzialità, il merito emerge solo quando uno, il proprio talento, lo mette in gioco.

La rivoluzione del merito

La vera rivoluzione è quella del merito. Innanzitutto perché impone la riscrittura di tutte le regole che lo soffocano. Ricordate il *familismo* di Banfield? Quella concezione per cui gli appartenenti a un gruppo rispondono alle leggi interne al gruppo stesso, e solo a quelle? L'istituzione «Ordine professionale» può essere la manifestazione più evidente ed esplicita di questo schema culturale, l'esempio più evidente di regole che garantiscono tante, diverse, ricche sopravvivenze e non la crescita generale del Paese, ma abbiamo riscontrato questo meccanismo nei processi di selezione di tutte le élite del nostro Paese. Abbiamo incontrato professori che designano professori, politici che designano politici, giornalisti che designano giornalisti; e in fondo, le leggi che regolano questi settori sono sembrate fatte apposta per mantenere lo *status quo.*

Se le regole premiano il conformismo, l'omogeneizzazione, il servilismo e scoraggiano lo sforzo individuale, l'aspirazione e la voglia di fare, un Paese non va lontano. Se per diventare notaio, o avvocato, un neolaureato dovrà servire un collega anziano, cancelleremo ogni spirito di iniziativa dall'anima dei giovani italiani e lo sostituiremo col bieco opportunismo. Se per diventare professore un ricercatore dovrà fare atto di vassallaggio baciando la pantofola del barone, trasformeremo il mondo della scienza e della ricerca in un luogo dove è premiata l'affiliazione, dove regna sovrana la raccomandazione e la cooptazione. Un sistema chiuso, senza ossigeno: un sistema in cui il cervello non respira.

In Italia, per abitudine, diffidenza o invidia, si tende a pensare che il successo sia stato costruito nell'inganno, e quindi ci si pone sulla difensiva nei suoi confronti, si prova a difendere il sistema da ogni illecito possibile immaginabile, cosa, naturalmente, irrealizzabile. Le regole devono premiare e promuovere il merito, non solo cercare di evitare che chi non merita ottenga il successo. Abbiamo fatto l'esempio di quanto sia inutile ingessare nella burocrazia di un concorso la selezione del personale: se per assumere la persona giusta un ufficio dovrà bandire un concorso che rischierà di far perdere il posto al candidato ideale, condanneremo l'ufficio a truccare il concorso, oppure ad assumere la persona sbagliata.

Forse in Italia abbiamo sbagliato direzione: abbiamo cercato di impedire il successo di chi non merita, piuttosto che favorire il successo di chi merita. Abbiamo scritto e riscritto regole e norme che si sono aggiunte ad altre regole e norme, producendo un sistema complicatissimo e astruso che oltre a non impedire inganni e scorciatoie, soffoca pure l'iniziativa di chi intende realizzarsi. Le regole devono essere rispettate, quali che siano; ma possono essere cambiate, perché la loro funzione resta quella di servire il Paese e i singoli cittadini. E vivere, studiare, lavorare in Italia rischia oggi come oggi di far passare la voglia di essere felici. Mentre non c'è nulla di male nell'aspirare alla felicità, anche sotto forma di successo, perché se non è un peccato *voler arrivare* non lo è nemmeno *arrivare.*

Ma per guarire dal mal di merito non basta cambiare le regole del gioco, va cambiata anche la testa di chi al gioco partecipa.

La cosa giusta

È utile solo fino a un certo punto cercare una procedura che impedisca l'illecito, sappiamo tutti qual è il rapporto tra la legge e l'inganno. Il mal di merito si guarisce cominciando a fare semplicemente *la cosa giusta*: ogni volta che serve, nel modo in cui, di volta in volta, serve. Ci chiedevamo in precedenza come vanno assunte le persone nella pubblica amministrazione, come uscire dal vicolo cieco in cui ci eravamo cacciati: il concorso è truccabile, il colloquio di selezione pure, come uscire dall'*empasse*? La risposta è semplice: bisogna affidarsi alle persone. Solo loro possono scegliere per il meglio. Con quale metodo? Dipende dalle situazioni. A volte si deve scegliere il personale mediante concorso, a volte mediante colloquio. In entrambi i casi, però, bisognerà affidare il compito a persone serie, a persone affidabili. Quando si tratta di scegliere di volta in volta *la cosa giusta* da fare, non ci si può affidare a una procedura, ci si deve affidare a una persona. Quando si tratta di fare la cosa giusta si può solo ragionare con la propria testa, fare perno sulla propria cultura, sul proprio modo di pensare, sulle proprie convinzioni, sulla propria onestà. Sulla propria deontologia. Insomma, sulla propria formazione.

Secondo il sociologo Maurizio Ferrera, nella cultura meritocratica «gli individui sono responsabili di come usano risorse e opportunità. L'impegno, lo sforzo, l'intraprendenza (e così via) sono frutto di una scelta personale, che influenza in modo riconoscibile il nostro rendimento, ad esempio quello scolastico o lavorativo. Certo, ognuno subisce anche il condizionamento di elementi su cui non può esercitare il controllo, e una società equa deve sforzarsi di mitigare gli effetti di questi fattori, ma se non si accetta il principio della responsabilità individuale, il discorso sul merito non può neppure cominciare».

La via al merito passa per la testa degli italiani, non solo per le loro leggi, ed è un lavoro che richiede tanto tempo, tanto denaro e tanto impegno: la soluzione è formare italiani che abbiano il gusto e il senso della responsabilità, che sentano il peso della loro libertà, che amino il sistema in cui hanno scelto di vivere, che credano nel lavoro proprio e degli altri.

L'investimento più importante

Dicono sia la dannazione dell'economista: al ristorante gli amici gli chiedono sempre di ripartire il conto tra i commensali. Eppure gli economisti non si occupano solo di numeri: «In realtà» spiega Tito Boeri[4] «i concetti cardine attorno cui ruota il modo di pensare di un economista appartengono alla sfera dell'immateriale. Il futuro economico di una nazione è legato alla sua dotazione di capitale umano e di capitale sociale molto più di quanto non sia alle strade e ferrovie e ai macchinari di cui dispone. Se l'Italia avesse una manodopera più istruita e se i suoi cittadini si fidassero più gli uni degli altri, probabilmente la sua posizione non sarebbe crollata nella graduatoria dei Paesi per reddito pro capite».

Il successo di un Paese dipende quindi anche (se non soprattutto) dalla qualità della sua cultura, dal suo livello generale di preparazione tecnica e scientifica, e persino dal livello di fiducia che ogni cittadino ritiene di poter avere nel prossimo.

Il capitale più importante è, insomma, l'uomo: più investiamo nel miglioramento dell'essere umano più ci assicuriamo un futuro ricco e solido. Il Paese che investe in capitale umano si assicura maggiore competitività, può contare su cittadini più preparati, conquista una capacità superiore di risolvere i problemi che inevitabilmente gli si porranno davanti.

«Un Paese che ha più capitale umano» continua Boeri «ha spesso anche più capitale sociale, reti informali di relazioni fra persone che completano le istituzioni, infrastrutture volte a far funzionare i mercati. Queste relazioni facilitano la trasmissione e condivisione di informazione; essendo basate sulla condivisione di norme e valori, sono anche uno strumento per punire comportamenti devianti da parte dei membri di una comunità e sostenere quindi la cooperazione e la fiducia tra gli individui. Il capitale sociale, agevolando la cooperazione, permette a un Paese di gestire meglio risorse comuni. Dove vi è più capitale sociale vi può dunque essere meno bisogno dello stato, il cui intervento può essere molto costoso e inefficiente, per rimediare ai fallimenti del mercato. E la qualità dei servizi offerti dallo stato, tra cui l'istruzione, può essere migliore. Dunque se il capitale umano genera più capitale sociale, è spesso vero anche il contrario: più capitale sociale permette di migliorare la quantità e la qualità dell'istruzione.» Eppure sappiamo bene quanto poco la politica sia interessata a riformare i centri di formazione del Paese, e quanto poco investa nella ristrutturazione, ad esempio, del settore scolastico e di quello universitario. In effetti chi investe nel capitale umano non può vantare su questo capitale diritti di proprietà, anzi: investire nel lungo periodo vuol dire abbandonare vecchie convinzioni e vecchie tradizioni, rischiare nuove leadership e nuovi percorsi. Investire nel capitale umano di un Paese significa investire nella libertà dei singoli cittadini, nella loro crescita, nella loro capacità di pretendere e di proporre, di progettare e di ottenere. In un Paese civile la politica non elargisce posti qua e là in cambio di riconoscenza, ma disegna un sistema in cui ognuno abbia la possibilità di scegliere la propria strada.

La nostra Costituzione, dopo aver definito l'Italia come una «Repubblica democratica, fondata sul lavoro»,[5] stabilisce che «la Repubblica riconosce a tutti i cittadini il diritto al lavoro e promuove le condizioni che rendano effettivo questo diritto. Ogni cittadino ha il dovere di svolgere, secondo le proprie possibilità e la propria scelta, un'attività o una funzione che concorra al progresso materiale o spirituale della società».[6] Uno dei compiti più importanti della nostra politica è proprio quello di aumentare all'infinito le «possibilità» di cui parla la Costituzione.

Il teorema del Dentone

La via per il merito passa attraverso il merito stesso: sta al Paese guadagnarsi l'uscita dal tunnel della cooptazione e della spintarella. Un modello da seguire? Il Dentone, Alberto Sordi.

Nel film *I Complessi*, un preparatissimo candidato al concorso per il posto di conduttore Rai sbaragliava tutti i concorrenti, raccomandati o no che fossero. Era troppo bravo, e non c'era modo di fermarlo: ogni ostacolo diventava per lui una rampa di lancio, ogni difetto fisico (come gli enormi incisivi cui doveva il soprannome) diventava segno di carattere. Determinato, sgobbone e talentuoso, non lo fermava nessuno. La commissione d'esame cercava la domanda più difficile? Conosceva la risposta anche a quella. I valutatori cercavano di farlo inciampare con lo scioglilingua nella prova di destrezza? Riusciva a recitare per ore il «sopra la panca la capra campa». I dirigenti Rai provavano a contrattare il suo ritiro? Rifiutava il patto, perché voleva tutto. Alla fine, naturalmente, il Dentone vinceva il concorso, diventava conduttore del tg e il difetto fisico che lo aveva reso inviso ai commissari lo rendeva simpatico a tutta la nazione (oltre che affascinante agli occhi delle colleghe Rai).

Il «genio» degli *Amici miei* era stata la nostra chiave d'ingresso in un Paese paralizzato, la preparazione del Dentone potrebbe esserne l'unica via d'uscita.

Perché se gli americani hanno Steve Jobs,[7] noi abbiamo Alberto Sordi, e scusate se è poco. Anche perché un Paese in cui il Dentone passa le selezioni non è necessariamente un Paese che condanna alla mediocrità chi non ha la determinazione del personaggio di Sordi: i due ragazzi che hanno creato Google erano due universitari con poca voglia di studiare, ma a quanto pare hanno avuto la loro opportunità. Anche Bill Gates non era un granché al college, ma qualcuno lo ha messo nelle condizione di sfruttare il suo talento.

L'idea che meritocrazia sia sinonimo di aristocrazia, l'idea cioè che il merito sia una sorta di filtro attraverso cui si scartano i deboli e resistono i più forti è sbagliata: merito non è sinonimo di arroganza, né di prepotenza. Il merito non esclude, include: è la garanzia di avere un'opportunità, di potercela fare sempre e comunque. È la garanzia di avere in mano la chiave che apre la tua porta: l'importante è scegliere la porta giusta, quella che più si adatta al proprio talento.

Il diritto di provarci

Ricordate lo schema della raccomandazione che avevamo tratteggiato nelle prime pagine? La raccomandazione, abbiamo detto, nasce dovunque sia il potere e nel contempo scarseggino le capacità e le opportunità. Il potere può essere politico, economico, culturale, scientifico: non è importante di che tipo sia: il sistema si basa sull'insicurezza del raccomandato e sul potere del raccomandante, facendo perno sul favore e sul ringraziamento.

La medicina al mal di merito non è quella di *convertire* gli italiani alla moralità, è piuttosto quella di rendere inutile la raccomandazione. Bisogna investire nella cultura e nella preparazione degli italiani, far sì che acquistino capacità e sicurezza di sé, far sì che siano loro a far cadere il granello di sabbia che bloccherà gli ingranaggi.

Nessuna raccomandazione, nessun colpo basso può fermare il Dentone. Il meccanismo della spintarella salta se il Paese può contare su un sapere che assicuri fiducia in se stessi e sul proprio futuro: è negli asili, nelle scuole, nelle università che nasce il mondo in cui viviamo, ed è a questa rete (proprio la rete a oggi più frustrata e disillusa) che va data la forza e la possibilità di ripartire. Non serve darle più soldi, basta riaffidarle una missione, restituendole un senso che oggi non ha. L'Italia riparte dall'asilo, l'Italia riparte se ripartono maestri e professori.

L'Italia riparte se inverte la scala dei valori: quando i professori saranno orgogliosi di premiare un meritevole e si vergogneranno di raccomandare un inetto, quando i capi del personale nelle amministrazioni pubbliche avranno il senso di responsabilità, la forza e l'orgoglio di assumere chi merita in un ufficio che sentiranno come il loro. Investire nell'uomo, fornirgli il sapere, la cultura, la tecnica, coltivare il suo talento e dargli la possibilità di far valere il suo merito significa regalargli forza, autonomia, libertà. Significa far saltare lo schema del favore e del ringraziamento, sbriciolare il potere delle caste e dei monopoli, dare l'opportunità di crescere a tutti i cittadini, quale che sia la loro idea politica, il loro status sociale, il loro status economico.

Perché nasciamo tutti uguali, e abbiamo tutti il diritto di provarci.

Note

PRIMA PARTE

Capitolo 1

1. Mario Monti, «Telefoni e polizze», «Corriere della Sera», 30 aprile 2007.
2. Riccardo Bocca, «Posto prioritario», «L'Espresso», 15 settembre 2005.
3. Riccardo Bocca, «Poste raccomandate», «L'Espresso», 22 settembre 2005.
4. Riccardo Bocca, inchiesta citata.
5. Istituto per la formazione dei lavoratori.
6. Il World Values Survey (Indagine mondiale sui valori) è un'inchiesta sui cambiamenti sociali, culturali e politici a livello mondiale, condotta da esperti in scienze sociali delle principali università internazionali.
7. Dati raccolti da Maurizio Ferrera, «Quando sono i giovani a non volere la meritocrazia», «Corriere della Sera», 10 giugno 2007.
8. Rapporto 2006.
9. Renato Mannheimer per Libertà uguale, 8-10 settembre 2006.
10. Nicola Rossi su www.nicolarossi.it.

SECONDA PARTE

Capitolo 1

1. Citazioni da Antonio Schizzerotto, *L'indagine ILFI sulle famiglie italiane*; Antonio Cobalti e Antonio Schizzerotto, *La mobilità sociale in Italia*, il Mulino, Bologna 1994; Marzio Barbagli e Antonio Schizzerotto, «Classi, non caste. Mobilità tra generazioni e opportunità di carriera in Italia», in «Il Mulino: rivista bimestrale di cultura e di politica», 3, 1997, pp. 547-557.
2. Antonello Caporale, «Francavilla, città dei raccomandati», «la Repubblica», 20 gennaio 2003.

Capitolo 2

1. Interviste rilasciate a «L'Espresso»: Paola Pilati, «Cercasi élite disperatamente», 22 giugno 2006, e nell'ambito del convegno «Itaca», «Come affrontare la società del rischio», Università Luiss, 8-9 maggio 2007.
2. Paola Pilati, articolo citato.
3. Convegno Luiss, citato.
4. Ricerca «Vision», citata da Paola Pilati, articolo citato.
5. Rapporto Glocus 2006.
6. Gianluca Violante, «Le età della politica», «LaVoce.info».
7. Carlo Carboni, *Élite e classi dirigenti in Italia*, Laterza, Roma 2007.
8. Michele Ainis, «Così il voto è carne di porcellum», «La Stampa».

Capitolo 4

1. Carlo Carboni, op. cit.
2. Carlo Carboni, «Ma sono ancora rari i giovani adulti», «Il Sole-24 Ore», 31 marzo 2007.
3. Carlo Carboni, «Media e politica, l'élite è una sola», «Il Sole-24 Ore», 25 aprile 2007.

4. Gian Antonio Stella e Sergio Rizzo, *La Casta*, Rizzoli, Milano 2007.

Capitolo 5

1. Dichiarazioni rilasciate a «Il Messaggero», 24 marzo 2007.
2. Francesco Sylos Labini e Stefano Zapperi, «Lo tsunami dell'università italiana», «LaVoce.info», 23 gennaio 2006.
3. Utilizzando una recente ricerca Miur i cui grafici si trovano in *Appendice 3*.
4. Anna Maria Liguori «Università, affare di famiglia», «la Repubblica», 24 giugno 2005.
5. Enrico Marro, «"Diritto del lavoro" Giugni accusa: concorsi combinati», «Corriere della Sera», 16 giugno 2005.

Capitolo 6

1. Sono entrato in Rai vincendo il concorso per la scuola di giornalismo Radio Tv di Perugia, che grazie a un accordo Rai/Usigrai prevedeva l'ingresso in azienda dopo i due anni di corso.
2. Da «Il Sole-24 Ore», 1 maggio 2007.
3. Pietro Ichino, «L'ipocrisia del concorso», «Corriere della Sera», 21 novembre 2006.

Capitolo 7

1. Luigi Zingales, «Capitalisti sì, nepotisti no», «Il Sole-24 Ore», 27 ottobre 2005.
2. Francisco Perez Gonzales, *Inherited control and firm performance*, University of Chicago and Columbia University 2004.
3. Luigi Zingales, articolo citato.
4. Ufficio Studi Bankitalia, studio di Sandro Trento e Silvia Giacomelli.
5. Relazione del 31 maggio 2007.
6. Luigi Furini, *Volevo solo vendere la pizza. Le disavventure di un piccolo imprenditore*, Garzanti, Milano 2007.

7. Dati riportati da Michele Ainis in «Liberare i talenti dai parenti», «La Stampa», 30 novembre 2006.
8. Dati riportati da Maurizio Ricci in «Le manager sono più brave, le aziende cercano donne», «la Repubblica», 23 marzo 2006.
9. Sondaggio effettuato nell'ambito di Chase (*Chambers against stereotypes in employment*), un progetto di Eurochambers (Ue).
10. Alcuni di questi dati sono già riportati (e più approfonditamente analizzati) in Giovanni Floris, *Risiko*, Rizzoli, Milano 2006.
11. Maurizio Ricci, articolo citato.
12. Secondo l'analisi dei dati dell'ultimo censimento statunitense effettuata da Andrew A. Beveridge, un demografo del Queens College, e ripresa dalla «Gotham Gazette».
13. Sistema Informativo Excelsior, Unioncamere e ministero del Lavoro, 2006.
14. Ceo è l'acronimo dell'espressione inglese Chief Executive Officer, usata per indicare la persona che ha la responsabilità più alta all'interno di una società. In sostanza l'amministratore delegato.
15. Giovanni Canepa, «Formare, selezionare e rinnovare la Classe Dirigente Italiana», Glocus 2005.
16. Intervista riportata da Michele Smargiassi in «Curriculum, il nemico è la grammatica», «Corriere della Sera», 7 marzo 2007.
17. Michele Smargiassi, articolo citato.

TERZA PARTE

Capitolo 1

1. Giovanni De Luna, «Condannati a restare sempre giovani?», «La Stampa», 5 settembre 2006.
2. The Cure, album *Pornography*. *Doesn't matter if we all die* (Non importa se moriamo tutti) sono le prime parole di «One hundred years», sorta di manifesto del mondo Dark.

I must fight this sickness find a cure (Devo combattere questa malattia, trovare una cura) sono i versi che chiudono «Pornography», l'ultimo brano dell'album. Gli lp che verranno dopo avranno stile e contenuti diversi: la cura era stata trovata.

3. Ondata Dark, ovvero ondata dell'oscurità.
4. Paola Pilati, articolo citato.

Capitolo 2

1. Domenico Rea (Napoli, 1921-1994) è uno dei narratori e saggisti più importanti del Novecento.
2. Isaia Sales (con la collaborazione di Marcello Ravveduto) *Le strade della violenza*, Editore L'Àncora del Mediterraneo, Napoli 2006.
3. Giuseppe D'Avanzo, «Se Merola diventa un eroe», «la Repubblica», 14 febbraio 2007.
4. Edward C. Banfield, *Le basi morali di una società arretrata*, il Mulino, Bologna 1976. Banfield interpreta il sistema delle relazioni in un contesto specifico, una piccola comunità lucana chiamata Montegrano, caratterizzata da estrema povertà e arretratezza.
5. Edmondo Berselli, *Post Italiani. Cronache di un Paese provvisorio*, Mondadori, Milano 2003.
6. Cfr. ad esempio Loredana Sciolla, *Italiani. Stereotipi di casa nostra*, il Mulino, Bologna 1997.
7. Edmondo Berselli, Op. cit.

Capitolo 3

1. Gabriele Ballarino e Daniele Checchi (a cura di), *Sistema scolastico e disuguaglianze sociali*, il Mulino, Bologna 2006.
2. Dati citati in Simonetta Fiori, «Se la scuola non ci rende uguali», «la Repubblica», 28 novembre 2006.
3. Alberto Alesina e Roberto Perotti, «Il fallimento dell'università italiana», «Il Sole-24 Ore», 15 novembre 2000.
4. Paola Pilati, articolo citato.

5. Paola Pilati, articolo citato.
6. *OECD Science, Technology and Industry Outlook*, 2006.

Capitolo 4

1. Presidente del Censis. Da Paola Pilati, articolo citato.
2. Paola Pilati, articolo citato.
3. Giovanni Canepa, «Formare, selezionare e rinnovare la Classe Dirigente Italiana», Glocus 2005.
4. Francesco Merlo, «Parigi, festa con polemica per la scuola delle *élites*», «la Repubblica», 19 ottobre 2005.
5. Cfr. Tullio Giannotti, «Francia: un libro denuncia, divorata dal clientelismo», Ansa, 24 novembre.

QUARTA PARTE

Capitolo 1

1. Roberto Napoletano, *Fardelli d'Italia*, Sperling & Kupfer, Milano 2004.
2. Vangelo secondo Matteo 25, 14-30.
3. Vangelo secondo Luca 15, 11-32.
4. Tito Boeri, intervento su «Impresa» del 31 maggio 2007, presentazione del Festival dell'economia di Trento.
5. Art. 1 della Costituzione della Repubblica italiana, I comma.
6. Art. 4 della Costituzione della Repubblica italiana, IV comma.
7. Cfr. *Appendice 1*.

Appendici

1
Le tre vite di Steve Jobs

Iniziamo da una storia talmente americana che sembra inventata, ma che inventata non è. È la storia di Steve Jobs, un imprenditore di poco più di 50 anni, un uomo che è riuscito a trasformare almeno tre settori chiave dell'economia: dapprima l'industria dei computer creando Apple, poi l'industria della musica, creando l'iPod, infine ha trasformato l'industria dei video interattivi con i cartoni animati della Pixar (quelli del genere *Toy Story*). La sua storia, così come lui stesso la racconta nel discorso pronunciato in occasione della cerimonia di conferimento dei diplomi all'Università di Stanford (California), ha girato ormai, mail dopo mail, l'intero pianeta, e ha fatto sognare i giovani di tutto il mondo. Noi ne riportiamo qui alcuni stralci, sarà semplice per chi è interessato recuperare la versione completa on-line.

Steve Jobs, Stanford University, 12 giugno 2005

Oggi vi racconterò tre storie che appartengono alla mia vita. Tutto qua. Non è granché: tre storie soltanto.

La prima storia è su come si uniscono i puntini.

Ho abbandonato gli studi al Reed College dopo sei mesi appena, ma prima di chiudere definitivamente sono rimasto lì per altri 18 mesi. Perché allora ho abbandonato?

La mia madre naturale era una studentessa appena uscita dal college, molto giovane e nubile, decise quindi di darmi in adozione. Voleva assolutamente che fossi adottato da laureati, ed era tutto pronto perché alla nascita fossi affidato alle cure di un avvocato e di sua moglie. Purtroppo quando venni al mondo, decisero che dopotutto volevano una bambina. Fu così che ai miei genitori, che erano in lista di attesa, arrivò una telefonata nel bel mezzo della notte: «A sorpresa, abbiamo un bimbo, un maschio, lo volete?». Risposero: «Ma certo». In seguito la mia madre naturale scoprì che quella adottiva non si era mai laureata e che mio padre non aveva neanche il diploma. Sulle prime rifiutò di firmare le carte per l'adozione, e solo qualche mese dopo cedette, in cambio della promessa che un giorno sarei andato all'università.

E diciassette anni dopo ci andai. Ma ingenuamente scelsi un'università costosa, e tutti i risparmi dei miei genitori proletari finirono in tasse per i miei studi. Dopo sei mesi, non riuscivo a vedere l'utilità di tutto questo. Non avevo idea di cosa volevo fare della mia vita e non vedevo come l'università potesse aiutarmi a capirlo. Così decisi di abbandonare gli studi confidando che tutto sarebbe andato bene. All'epoca fu un po' un salto nel buio, ma guardando indietro penso che sia stata una delle decisioni migliori che abbia mai preso. Non appena ebbi lasciato il mio corso, smisi di partecipare alle lezioni obbligatorie che non mi interessavano e iniziai a infilarmi in quelle che invece sembravano promettenti.

Non era affatto tutto rose e fiori. Non avevo una stanza nel campus, per cui dormivo sul pavimento in quelle degli amici, per pagarmi da mangiare raccoglievo e restituivo i vuoti delle bottiglie di Coca-Cola per cinque centesimi, e ogni domenica sera facevo 11 chilometri a piedi per avere un pasto caldo al tempio degli Hare Krishna. Ero felice. E più tardi, molte delle cose che ho appreso per caso seguendo la mia curiosità e la mia intuizione si sono rivelate immensamente preziose. Vi faccio un esempio.

All'epoca il Reed College offriva un corso di calligrafia fra i migliori del Paese. Dato che, dopo la rinuncia agli studi, non avevo corsi obbligatori da seguire, decisi di infilarmi in quello. Così imparai tutto sui caratteri con e senza grazie, su come cambiano gli spazi tra i diversi tipi di lettere, e sul perché la tipografia è un'arte davvero fantastica: bella, piena di storia, sottilmente artistica in un modo sconosciuto alla scienza. Ne ero affascinato.

Niente di tutto questo era remotamente utile nella vita quotidiana. Ma dieci anni dopo, durante i lavori di progettazione del primo computer Macintosh, mi tornò tutto in mente. E divenne parte del progetto del Mac: il primo computer con una bella resa tipografica. Se non fossi capitato per caso in quel particolare corso al college, il Mac non avrebbe avuto una scelta di caratteri così ricca o font con gli spazi personalizzati. E dato che Windows si è limitata a copiare il Mac, probabilmente non li avrebbe avuti nessun pc. [...] Ovviamente quando ero al college non potevo unire i puntini per vedere tutto questo disegno futuro, ma dieci anni dopo, guardando indietro, era tutto molto, molto chiaro. [...] Bisogna avere fiducia nel fatto che i puntini in qualche modo sono sempre destinati a unirsi. Bisogna sempre avere fiducia in qualcosa: nell'istinto, nel destino, nella vita, nel karma, in quel che si vuole. È un modo di pensare che non mi ha mai deluso, e che ha cambiato la mia vita.

La seconda storia parla di amore e di perdita.

Sono stato fortunato, ho scoperto presto cosa volevo fare della mia vita. Woz e io abbiamo fondato la Apple nel garage dei miei genitori quando avevo 20 anni. Con molto duro lavoro, in 10 anni la Apple era cresciuta: non più due ragazzi in un garage ma una compagnia con 4000 impiegati, che valeva oltre due miliardi di dollari. La nostra prima creatura, il Macintosh, era sul mercato da un anno, e io avevo appena compiuto 30 anni, quando fui licenziato. Come si fa a farsi licenziare dall'azienda che hai fondato? Beh, quando Apple cominciò a crescere assumemmo qualcuno per aiutare a gestire l'azienda. Ero molto soddisfatto del suo talento e per un anno circa andò tutto bene. Poi le nostre visioni del futuro iniziarono a divergere e alla fine arrivammo a una rottura. E il consiglio di amministrazione prese le sue parti. Così, a 30 anni, ero fuori – e tutto il mondo lo sapeva. Il fulcro della mia intera vita adulta era appena venuto a mancare, ed ero distrutto.

Per alcuni mesi rimasi completamente disorientato. [...] Pensai persino di scappare, di andarmene dalla Silicon Valley. Ma pian piano cominciò a farsi strada in me una consapevolezza: amavo ancora il mio lavoro. Non contava com'erano andate le cose alla Apple. Ero stato rifiutato, ma ero ancora innamorato. E decisi di ricominciare.

All'epoca non la vedevo certo in questo modo, ma essere licenziato dalla Apple è stata una delle cose migliori che mi siano mai capitate. Il peso del successo fu sostituito dalla leggerezza di tornare un principiante, con meno sicurezze, libero di entrare in uno dei periodi più creativi della mia vita.

Nei cinque anni successivi fondai una società chiamata NeXT, un'altra di nome Pixar, e mi innamorai della donna straordinaria che sarebbe diventata mia moglie. Pixar creò il primo film in animazione digitale, *Toy Story*, e ora come ora è il maggiore studio di animazione del mondo. E con un colpo di scena notevole Apple ha comprato NeXT, sono tornato alla Apple, e la tecnologia che avevamo sviluppato a NeXT è al centro dell'attuale rinascita di Apple. E Laurene e io abbiamo una famiglia meravigliosa.

Sono quasi certo che nulla di tutto questo sarebbe successo se non fossi stato licenziato dalla Apple. La medicina aveva un pessimo sapore, ma credo che il paziente ne avesse bisogno. A volte la vita ti tira delle botte micidiali, ma non bisogna perdere la speranza. Credo sinceramente che l'unica cosa che mi ha permesso di andare avanti sia stata l'amore per quello che facevo. Bisogna scoprire cos'è che amiamo davvero, nel lavoro come nella vita sentimentale. Dal momento che il lavoro occuperà sempre una gran parte della nostra vita, saremo soddisfatti solo credendo in quel che facciamo e facendolo bene. E l'unico modo di ottenere questo è amare ciò che si fa. [...] Non accontentatevi.

La terza storia parla della morte.

A 17 anni lessi un aforisma che diceva più o meno: «Vivi ogni giorno come se fosse l'ultimo. Quasi sicuramente un bel giorno sarà così». Mi impressionò molto e da allora, per 33 anni, ogni mattina guardandomi allo specchio mi sono chiesto: «Se oggi fosse l'ultimo giorno della mia vita, vorrei fare quello che sto per mettermi a fare?». E se la risposta era «no» per troppi giorni consecutivi, era il segno che dovevo cambiare qualcosa. [...]

Circa un anno fa mi hanno diagnosticato un cancro. La Tac, alle sette e mezzo di mattina, ha mostrato chiaramente il tumore nel mio pancreas – non sapevo neanche cosa fosse, un pancreas. I dottori mi hanno detto che questo tipo di cancro è quasi sicuramente incurabile, e mi hanno dato non più di sei mesi di vita. Mi hanno consigliato di andare a casa e mettere in ordine i miei affari, che nel linguaggio dei medici vuol dire: preparati a morire. Significa che devi dire ai tuoi figli nei prossimi pochi mesi tutto quello che pensavi di dir loro nei prossimi 10 anni. Significa che devi accertarti di sistemare tutto in modo da rendere le cose meno difficili possibile per la tua famiglia, e che devi cominciare a dire addio. [...] Si scoprì che era una forma di cancro al pancreas rarissima, che poteva essere curata ricorrendo a un'operazione chirurgica. L'ho fatta, e ora sto bene. [...] Nessuno vuole morire. Persino la gente che sogna il Paradiso vorrebbe evitare di morire per andarci. Ma la morte è la nostra destinazione comune, a cui nessuno è mai sfuggito. Ed è giusto che sia così, perché la morte è la migliore invenzione della vita, l'agente del cambiamento, che spazza via il vecchio per far posto al nuovo. E per ora il nuovo sei tu ma un giorno, non molto lontano, pian piano diventerai vecchio e verrai spazzato via. [...] Il tempo che abbiamo a disposizione è limitato, non bisogna sprecarlo vivendo la vita di qualcun altro. Non bisogna farsi intrappolare nei dogmi, vivere come gli altri pensano che dovremmo vivere. Non bisogna lasciare che il rumore delle opinioni altrui soffochi la nostra voce interiore. E la cosa più importante è il coraggio di seguire l'intuito, e il cuore. Un giorno sapremo cosa davvero vogliamo diventare. Tutto il resto è secondario.

Quando ero giovane, c'era un periodico fantastico che si intitolava *The Whole Earth Catalog*, una Bibbia della mia generazione [...] realizzata interamente con macchine da scrivere, forbici e macchine fotografiche Polaroid. Era una specie di Google in brossura, 35 anni prima che arrivasse Google: idealista e traboccante di strumenti utili e ottime informazioni. [...] Sulla quarta di copertina dell'ultimo numero che uscì c'era la foto di una strada di campagna, scattata di primo mattino, il tipo di strada su cui, se sei un tipo avventuroso, puoi immaginare di fare l'autostop. Sotto c'era scritto: *Stay Hungry. Stay Foolish.* Restate sempre affamati. Restate sempre folli. Era il loro messaggio di addio. *Stay Hungry. Stay Foolish.* È quello che mi sono sempre augurato di essere. E lo auguro anche a voi.

Stay Hungry. Stay Foolish.

2
Tutto il mondo è paese

Piccolo glossario... se si va su internet e si scrive la parola «Raccomandare» si scopre che... tutto il mondo è paese!

basco	gomendatu
bolognese	arcmandèr, dèr un còcc
bretone	labourat a-berzh
calabrese	raccumandà
catalano	afavorir
ceco	doporučovat
croato	preporučiti
danese	trække i trådene for
esperanto	rekomendi
estone	soovitama, upitama
fiammingo	voortrekken, begunstigen, pousseren
francese	pistonner, appuyer, pousser, recommander, proteger
friulano	racomandā
galiziano	recomendar
gallese	tynnu llinynnau dros
greco	ΚΙΝΩ ΤΑ Ν'ΗΜΑΤΑ
inglese	pull strings for

italiano	raccomandare, dare una spinta
latino	commendare
maltese	tirranga
napoletano	raccumannà
olandese	pousseren
polacco	polecač
portoghese	meter uma cunha
rumeno	trage sforile
russo	протежироватъ
sardo	acotzai
spagnolo	recomendar, enchufar
svedese	rekommendera
tedesco	protegieren, empfehlen
ungherese	beajanl

3
Dati: per approfondire

Geografia della raccomandazione

Nord	39%
Sud	50,5%
Centro	42,4%

Fonte: Indagine Unioncamere su dati Excelsior, anno 2005.

Chi assume con raccomandazione in Lombardia?

Industria	72,3%
Servizi	61,7%
Banche dati aziendali	38%

Fonte: Elaborazione Camera Commercio Milano
su dati Indagine Excelsior 2006.

Come si trova lavoro?

Conoscenze	34,7%
Autocandidature	17%
Concorsi	27,1%
Centri pubblici per il lavoro	2,2%

Fonte: Isfol 2006.

Per 6 italiani su 10 la meritocrazia non è un requisito necessario. E allora cosa serve?

Risorse economiche	30,1%
Relazioni politiche	23%
Relazioni personali	8%

Fonte: Censis 2006.

La mobilità sociale

A: Tavola di mobilità sociale intergenerazionale assoluta. Frequenze campionarie (Italia 2005)

Origini	Destinazioni				Totale
	Imprenditori, liberi professionisti e dirigenti	Impiegati direttivi e di concetto	Lavoratori autonomi	Operai e assimilati	
Imprenditori, liberi professionisti e dirigenti	82	142	37	61	322
Impiegati direttivi e di concetto	82	255	34	132	503
Lavoratori autonomi	103	421	634	1.060	2.218
Operai e assimilati	105	689	283	2.468	3.546
Totale	372	1.507	988	3.721	6.589

B: Tavola di mobilità sociale intergenerazionale assoluta. Distribuzione delle posizioni di destinazione secondo le posizioni di origine. Valori percentuali (Italia 2005)

Origini	Destinazioni				Totale
	Imprenditori, liberi professionisti e dirigenti	Impiegati direttivi e di concetto	Lavoratori autonomi	Operai e assimilati	
Imprenditori, liberi professionisti e dirigenti	25,5	44,1	11,5	18,9	100,0
Impiegati direttivi e di concetto	16,3	50,7	6,8	26,2	100,0
Lavoratori autonomi	4,6	19,0	28,6	47,8	100,0
Operai e assimilati	3,0	19,4	8,0	69,6	100,0
Totale	5,6	22,9	15,0	56,5	100,0

C: Tavola di mobilità sociale intergenerazionale relativa (Italia 2005)

Origini	Destinazioni			
	Imprenditori, liberi professionisti e dirigenti	Impiegati direttivi e di concetto	Lavoratori autonomi	Operai e assimilati
Imprenditori, liberi professionisti e dirigenti	4,7	1,4	-1,4	-5,0
Impiegati direttivi e di concetto	2,7	2,7	-3,3	-2,0
Lavoratori autonomi	-5,0	-2,5	4,8	1,6
Operai e assimilati	-3,3	-1,3	-1,1	5,6

Fonte: Antonio Schizzerotto, *La mobilità sociale in Italia.*

Come si trova lavoro?

Conoscenza diretta	38,6%
Segnalazioni conoscenti	33,6%
Stampa	15,4%
Centri per l'impiego	10,4%
Società lavoro interinale	7%
Società di selezione	6,5%
Banche dati interne	38%
Internet	1,8%
Altre modalità	6,8%

Fonte: Indagine Unioncamere su dati rilevati da Excelsior su 100.000 aziende 2006 su dati 2005.

Quali imprese scelgono la raccomandazione?

Imprese con meno di 10 dipendenti	65,4%
Imprese con 10-49 dipendenti	47,7%
Imprese con oltre 500 dipendenti	21,6%

Fonte: Indagine annuale Excelsior condotta da Unioncamere e dal ministero del Lavoro 2004.

Quali sono per gli italiani le categorie con maggior potere?

Élite economico-finanziarie	38,7%
Élite partitiche	35%
Giornalisti	25,8%
Magistrati e figure istituzionali	17,6%
Vertici burocratici	11,3%

Fonte: Censis 2006.

I più bravi in matematica

Risultati del test Pisa-Ocse proposto a studenti di 15 anni d'età

Paesi	Punti	Ore d'insegnamento di matematica nelle scuole secondarie in % sul totale ore
Finlandia	544	12
Olanda	538	10
Giappone	534	10
Australia	524	11
Rep. Ceca	516	13
Francia	511	15
Germania	503	14
Spagna	485	11
ITALIA	466	10

Dati sulla formazione in Italia

	Italia	Media Ocse
Alunni per docente	circa 10	14,6
Personale	139 (docenti e non) ogni 1000 studenti	107 (docenti e non) ogni 1000 studenti
Costo per un universitario	8363 dollari	10.655 dollari
Laureati in età tra i 25 e i 64 anni	11 per cento (penultimo posto dietro i Paesi Ocse, dietro solo la Turchia)	24 per cento
Laureati facoltà scientifiche	1227 ogni 100.000 giovani (25-34 anni)	2128 ogni 100.000 giovani (25-34 anni)
Spese nei 13 anni di percorso scolastico	100.000 dollari per alunno	77.000 dollari per alunno
Pc nelle scuole	77 per scuola	115 per scuola

Fonte: «la Repubblica» del 6 gennaio 2006 e del 25 settembre 2006.

Numero di computer ogni 100 studenti

Stati Uniti	30
Australia	28
Regno Unito, Ungheria	23
Austria, Canada	22
Danimarca, Giappone	19
Francia, ITALIA	13
Spagna, Germania	8

Fonte: Ocse.

Le ore di insegnamento

Studenti tra 7 e 14 anni, scuole pubbliche primarie e secondarie

Olanda	8.079
Australia	7.937
ITALIA	7.837
Francia	7.544
Spagna	6.827
Giappone	6.362
Germania	6.250
Svezia	5.924
Finlandia	5.523

Quanto lavorano i professori

Docenti di scuola secondaria

Australia	808
Germania	750
Olanda	750
Norvegia	655
Francia	639
Finlandia	595
ITALIA	594
Spagna	580
Giappone	534

Il costo medio per studente (in euro)

Dati annuali	asilo	primaria	secondaria	superiore
Finlandia	4.069	5.321	7.402	12.047
Francia	4.744	4.939	8.653	10.704
Germania	4.865	4.624	7.173	11.594
ITALIA	6.116	7.366	7.938	8.764
Giappone	3.766	6.350	7.283	11.556
Olanda	5.497	5.836	6.996	13.444
Spagna	4.151	4.829	6.418	8.943
Regno Unito	7.153	5.851	7.290	11.866
Stati Uniti	6.462	6.920	7.991	20.061

I costi della scuola superiore

In % sul Pil	pubblica	privata	TOTALE
Stati Uniti	1,2	1,6	2,8
Canada	1,3	1,0	2,3
Svezia	1,6	0,2	1,8
Olanda	1,1	0,3	1,4
Francia	1,1	0,2	1,3
Giappone	0,5	0,8	1,3
Spagna	0,9	0,3	1,2
Germania	1,0	0,1	1,1
Regno Unito	0,8	0,3	1,1
ITALIA	0,7	0,2	0,9

La spesa delle famiglie

Spesa per studente nella scuola pubblica superiore (in euro)

Stati Uniti	3.600
Cile, Australia, Sud Corea, Giappone	2.800
Canada	2.400
Nuova Zelanda	1.600
Israele	1.200
Regno Unito, Olanda	800
Austria, ITALIA, Spagna, Belgio, Francia, Ungheria	400
Rep. Ceca, Danimarca, Norvegia, Svezia	0

Spesa per istruzione

	Spesa per l'istruzione % sul Pil	Scuola primaria: spesa annua per studente (in euro)	Scuola secondaria: spesa annua per studente (in euro)
ITALIA	3,6 %	7.366	7.938
Media Ocse	3,8 %	5.450	6.962

Livello di istruzione e risultati di apprendimento

	% diplomati 25-34 anni	% terziario 25-34 anni	Competenza matematica 15enni (Pisa-Ocse)	Competenza di lettura 15enni (Pisa-Ocse)
ITALIA	64	15,5	466	476
Media Ocse	77	25,5	500	494
Canada	91	53	533	528
Giappone	94	52	534	534

Distribuzione insegnanti per classe di età, 2002

	Fino a 39	40-49	50-59	>/=60
Secondaria inferiore:				
ITALIA	9,5	36,6	49,8	4,1
Media Ocse	39,2	30,9	26,4	3,4
Secondaria superiore:				
ITALIA	13,4	43,3	39,0	4,2
Media Ocse	35,1	32,9	27,5	4,5

Quanti non trovano lavoro

Tassi di disoccupazione per titolo di studio e classe di età. Valori percentuali

	25-34 anni	35-64 anni
Laurea	20,0	2,0
Maturità	15,0	3,6
Qualifica professionale	11,1	4,7
Licenza media	14,6	6,3
Licenza elementare o nessun titolo	26,4	8,6

Istruzione e occupazione

Tasso di occupazione per titolo di studio e classe di età. Valori percentuali

	25-34 anni	35-64 anni
Laurea	67,0	86,3
Maturità	62,3	75,1
Qualifica professionale	74,8	66,3
Licenza media	63,0	57,9
Licenza elementare o nessun titolo	36,5	33,4

Università e mondo del lavoro

	%
ritiene inadeguate le conoscenze e le competenze dei laureati	56
ritiene gli insegnanti poco qualificati	56
ritiene che nella preparazione del corpo docente sia l'elemento chiave per una scuola di qualità	54
non ha nessun rapporto con le università per sviluppare progetti innovativi o per migliorare la formazione e l'organizzazione del personale	73
la scuola è adeguata ma con gravi insufficienze	32
la scuola è inadeguata	51
nella formazione del proprio personale contano scuola e università	28
nella formazione del proprio personale contano le società di consulenza	27
nella formazione del proprio personale contano le altre imprese	16
nella formazione del proprio personale contano le associazioni imprenditoriali o di categoria	15

Fonte: Indagine Sussidarietà e educazione, condotta dalla Fondazione per la sussidarietà su un campione di oltre 3.000 intervistati.

In Europa

Professori con più di 60 anni

	%
ITALIA	22,5
Francia	13,3
Regno Unito	8

Professori con più di 50 anni

	%
ITALIA	41,7
Francia	41,3
Paesi Bassi	32,6
Finlandia	28,4
Spagna	27,3
Germania	26,7

Professori con meno di 35 anni

	%
Regno Unito	16
Francia	11,6
ITALIA	4,6

In Francia e Regno Unito, così come nella maggior parte dei Paesi europei, i professori vanno in pensione a 65 anni.

In Italia

Docenti di ruolo oltre i 50 anni

	%
Ordinari	83
Associati	58,1
Ricercatori	35,6

Le età medie nelle carriere universitarie

	%
Dottorando	32
Specializzando	33
Ricercatore	34

Global Competitiveness Index 2006-2007 Top 50	
1 Svizzera	5,81
2 Finlandia	5,76
3 Svezia	5,74
4 Danimarca	5,70
5 Singapore	5,63
6 Stati Uniti	5,61
7 Giappone	5,60
8 Germania	5,58
9 Olanda	5,56
10 Regno Unito	5,54
11 Hong Kong SAR	5,46
12 Norvegia	5,42
13 Taiwan, Cina	5,41
14 Islanda	5,40
15 Israele	5,38
16 Canada	5,37
17 Austria	5,32
18 Francia	5,31
19 Australia	5,29
20 Belgio	5,27
21 Irlanda	5,21
22 Lussemburgo	5,16
23 Nuova Zelanda	5,15
24 Rep. di Corea	5,13
25 Estonia	5,12
26 Malesia	5,11
27 Cile	4,85
28 Spagna	4,77
29 Rep. Ceca	4,74
30 Tunisia	4,71
31 Barbados	4,70
32 Emirati Arabi Uniti	4,66
33 Slovenia	4,64
34 Portogallo	4,60
35 Thailandia	4,58
36 Lettonia	4,57
37 Rep. Slovacca	4,55
38 Qatar	4,55
39 Malta	4,54
40 Lituania	4,53
41 Ungheria	4,52
42 Italia	4,46
43 India	4,44
44 Kuwait	4,41
45 Sud Africa	4,36
46 Cipro	4,36
47 Grecia	4,33
48 Polonia	4,30
49 Bahrein	4,28
50 Indonesia	4,26

Fonte: World Economic Forum.

Ringraziamenti

Grazie a tutti i Miei. Grazie a Bea, babbo, mamma, Daniela, Marco, insomma a tutti i lettori di Pittulongu. Grazie agli Amici che mi hanno dato idee e che mi hanno aiutato a ricordare la fatica (e le risate) che ci siamo fatti. Grazie anche alla solita, brillante, Mercedes Vela Cossio, che ha trovato soluzioni, risolto problemi e che si è sobbarcata gran parte del lavoro di documentazione e ricerca. Grazie a Michela Gallio, che si diverte mentre lavora. Grazie, naturalmente, a tutta *Ballarò*. E sempre forza Roma.

Indice

Finito di stampare
nel mese di ottobre 2007 presso il
Nuovo Istituto Italiano d'Arti Grafiche - Bergamo

Printed in Italy